Quem conhece Mack Stiles sabe qu[...]
seguiria ser entediante. A obra que [...] em mãos incentiva os
cristãos em geral — e também os pastores — a ter uma paixão por ver
a evangelização se tornando parte da cultura da igreja local, um dos
principais componentes do seu DNA espiritual. Essa obra está repleta
de implicações práticas, não *apesar* de seu foco incessante em Jesus e
no evangelho, mas precisamente *em razão* desse foco. A obra merece
leitura, reflexão e implementação.

Donald A. Carson, professor pesquisador de Novo Testamento
da Trinity Evangelical Divinity School

O melhor livro sobre evangelização é aquele que vai direto ao ponto e
que tenha sido escrito por um evangelista. Ou seja: esse é o livro. Mack
Stiles é um dos evangelistas mais genuínos, eficientes, determinados e
incansáveis que conheço. Eu ia mesmo querer saber o que ele pensa sobre o tema — fosse por meio de uma conversa, de uma carta ou de um
livro inteiro. Nessa pequena obra, Mack faz uma análise clara e bíblica
sobre como a comunhão da igreja multiplica a evangelização individual. Todos os leitores se sentirão inspirados, encorajados e preparados
para ser evangelistas congregacionais. Para o bem da igreja, do evangelho
e do mundo, esse livro precisa estar no topo de sua lista de leitura.

R. Albert Mohler Jr., diretor do Seminário Teológico Batista do Sul,
nos EUA, e professor de Teologia Cristã da cátedra Emerson Brown

Deus concedeu a Mack a dádiva de ser um evangelista, e esse livro é
um dos resultados disso. Conheço poucas obras que aliam o rigor teológico, a sabedoria pastoral e a experiência pessoal que Mack entrelaça nesse pequeno livro. Em alguns pontos, fui encorajado; em outros,
desafiado. Gostei muito de lê-lo e o recomendo de coração.

J. D. Greear, pastor líder da igreja The Summit Church, em Durham,
na Carolina do Norte; autor de *Stop asking Jesus into your heart*

Mack Stiles escreve a respeito do desenvolvimento de uma cultura de evangelização de maneira tal, que permite ao leitor contemplá-la! Não só lemos a verdade no livro, também ganhamos a visão de como nossa igrejas-famílias podem viver de forma rica e dinâmica. Esse pode ser o livro mais curto que você já leu a respeito da vida de sua igreja e da propagação do evangelho, mas é o mais importante.

Thabiti M. Anyabwile, pastor titular da igreja First Baptist Church of Grand Cayman; autor de *O que é um membro de igreja saudável?*

A antiga missão da igreja de fazer discípulos de todas as nações continua a ser hoje nossa prioridade. A necessidade de estarmos preparados para compartilhar a fé é algo da máxima urgência. Esse livro trata de pessoas de carne e osso aprendendo a compartilhar as boas-novas a respeito de um Messias de verdade. É instrutivo, encorajador e convincente — você não vai querer esperar para aplicar o que aprenderá nessas páginas. E, se há alguém que saiba preparar pessoas para falar a respeito de Jesus, esse alguém é Mack Stiles!

Gloria Furman, esposa de pastor, na igreja Redeemer Church of Dubai, mãe de quatro filhos e autora de *Glimpses of grace* e de *Treasuring Christ when your hands are full*

Estou muito entusiasmado com esse livro. As obras de Stiles sobre evangelização são incríveis, uma vez que aliam ajuda prática com maturidade teológica. E ele de fato pratica o que prescreve.

Kevin DeYoung, pastor titular da igreja University Reformed Church, em East Lansing, Michigan

Mack Stiles escreveu um livro excelente não só sobre como compartilhar o evangelho (embora trate disso) ou sobre como se tornar um evangelista (embora trate disso também). Ele escreveu sobre como a igreja local de fato nos auxilia a anunciar o evangelho — diminui a carga, instrui, estimula e coopera. Leia esse pequeno livro e seja encorajado!

Mark Dever, pastor titular da igreja Capitol Hill Baptist Church, em Washington, D.C., e presidente do ministério 9Marcas

Li esse livro empolgante em uma sentada, uma vez que me senti tomado por seu conteúdo e espírito. *Evangelização* é um manual sobre como a Bíblia lida com o tema crucial da transmissão do evangelho. Antevejo que será recebido de forma ampla e entusiasmada.

Daniel L. Akin, diretor do Southeastern Baptist Theological Seminary

Gosto muito da visão de Mack Stiles de que uma "cultura de evangelização" permeie nossas igrejas. Que Deus opere com poder para transformar essa visão em realidade. Esse livro encoraja e desafia, e, como nos outros livros de Mack, trata-se de um grande presente e uma grande bênção para o povo de Deus.

Randy Newman, professor de pesquisa pedagógica do C. S. Lewis Institute e autor de *Como evangelizar sua família* (Vida Nova)

Muitos livros tratam do evangelismo individual. Esse, no entanto, versa sobre toda uma cultura. Sem oferecer métodos ou programas, mas, sim, um *ethos*. Distribua esse livro entre os membros de sua igreja e veja o que acontecerá.

John Folmar, pastor titular da igreja The United Church of Dubai

Esse é um livro sobre evangelização que, como nenhum outro, exalta Cristo e está encharcado do evangelho. Em vez de lhe oferecer uma metodologia *individual*, ele o motiva a, como igreja, *como corpo*, anunciar as boas-novas revolucionárias de Jesus e dar os frutos dessa boa notícia. E o que torna essa obra ainda mais valiosa é que tenho visto

Mack Stiles modelar, em vários continentes e para a glória de Deus, a cultura e a atitude sobre as quais escreve. Ele é o evangelista mais talentoso que já vi Deus usar (até agora), sem exceção. *Evangelização* é leitura obrigatória para todo pastor *e* membro de igreja.

> **Richard Chin**, diretor nacional da Australian Fellowship of Evangelical Students e secretário regional do Pacífico Sul da International Fellowship of Evangelical Students

Não demorou muito para que esse livro se tornasse minha obra favorita sobre evangelização — em parte por eu não conseguir deixá-lo de lado! O evangelho é apresentado de forma tão clara e a ajuda que recebi é tão tangível. Mas deixo para o leitor dizer se vale a pena. Ele pode despertar algo adormecido em você. Depois dessa leitura, já não me satisfaço com nada menos que o cultivo de uma cultura de evangelização na igreja que pastoreio. Louvo a Deus pelo que ele me concedeu por meio desse livro e oro pedindo mais.

> **Jason C. Meyer**, pastor responsável pela pregação e pela visão da igreja Bethlehem Baptist Church

Imagine uma igreja local em que cada membro conhece o evangelho e anda de acordo com ele, em que todos se preocupam com os que não creem, um lugar em que seja natural líderes e membros conversarem sobre oportunidades evangelísticas e membros convidarem não cristãos com regularidade para ler a Bíblia juntos, ou frequentar um pequeno grupo de estudos bíblicos, ou os cultos dominicais. Caso isso soe encorajador a você, você gostará de ler esse livro e deixar Mack guiá-lo passo a passo em direção a uma cultura em que a evangelização seja apenas o resultado natural da vida no evangelho.

> **Juan R. Sanchez Jr.**, pastor da igreja High Pointe Baptist Church, em Austin, Texas

EVANGELIZAÇÃO

Série 9Marcas: Construindo Igrejas Saudáveis

MARK DEVER E JONATHAN LEEMAN, organizadores

Diáconos (Matt Smethurst)
Culto público (Matt Merker)
Oração (John Onwuchekwa)
Teologia bíblica (Nick Roark e Robert Cline)
Missões (Andy Johnson)
Conversão (Michael Lawrence)
Discipulado (Mark Dever)
O evangelho (Ray Ortlund)
Disciplina na igreja (Jonathan Leeman)
Membresia na igreja (Jonathan Leeman)
Sã doutrina (Bobby Jamieson)
Pregação expositiva (David Helm)
Presbíteros (Jeramie Rinne)
Evangelização (J. Mack Stiles)

Dados Internacionais de Catalogação na Publicação (CIP)
Angélica Ilacqua CRB-8/7057

Stiles, J. Mack
 Evangelismo: como criar uma cultura contagiante de evangelismo na igreja local / J. Mack Stiles; tradução de Rogério Portella. - São Paulo: Vida Nova, 2015.
 144 p.
 ISBN 978-85-275-0626-7
 Título original: *Evangelism: how the whole church speaks of Jesus*

 1. Testemunhos (Cristianismo) 2. Evangelização 3. Missão da igreja I. Título II. Portella, Rogério

15-0850   CDD 269.2

Índices para catálogo sistemático:

1. Dogma

IX 9Marcas CONSTRUINDO IGREJAS SAUDÁVEIS

EVANGELIZAÇÃO

COMO CRIAR UMA CULTURA CONTAGIANTE DE EVANGELISMO NA IGREJA LOCAL

J. MACK STILES

Tradução
ROGÉRIO PORTELLA

VIDA NOVA

©2014, de J. Mack Stiles
Título do original: *Evangelism: how the whole church speaks of Jesus*,
edição publicada pela Crossway (Wheaton, Illinois, EUA).

Todos os direitos em língua portuguesa reservados por
Sociedade Religiosa Edições Vida Nova
Rua Antônio Carlos Tacconi, 63, São Paulo, SP, 04810-020
vidanova.com.br | vidanova@vidanova.com.br

1.ª edição: 2015
Reimpressões: 2016, 2020, 2025

Proibida a reprodução por quaisquer meios,
salvo em citações breves, com indicação da fonte.

Impresso no Brasil / *Printed in Brazil*

Todas as citações bíblicas foram traduzidas da English
Standard Version, salvo indicação em contrário.
Citações bíblicas com a sigla NIV se referem a traduções feitas
a partir da New International Version.

Gerência editorial
Fabiano Silveira Medeiros

Revisão da tradução e
preparação de texto
Marcia B. Medeiros

Revisão de provas
Ubevaldo G. Sampaio

Coordenação de produção
Sérgio Siqueira Moura

Diagramação
Sandra Reis Oliveira

Capa original
Dual Identity, Inc.
Imagem: Wayne Brezinka, para brezinkadesign.com
Vânia Carvalho (adaptação)

A meus filhos:
Tristan, David, Isaac e Stephanie.

SALMOS 127.3-5

SUMÁRIO

Prefácio da *Série 9Marcas* 13
Apresentação.. 15
Introdução 19

1 Sobre apelos e *shows* de *laser*... 23
2 Uma cultura de evangelização.. 47
3 Conectando a igreja a uma cultura
  de evangelização.. 71
4 Evangelistas intencionais numa cultura
  de evangelização.. 91
5 Compartilhando a fé na prática....................................... 115

Apêndice 133
Índice remissivo... 137

PREFÁCIO DA
SÉRIE 9MARCAS

Você acredita ser sua responsabilidade ajudar a construir uma igreja saudável? Se você é cristão, cremos que é o que deve fazer.

Jesus ordena que você faça discípulos (Mt 28.18-20). Judas manda que você se edifique na fé (Jd 20,21). Pedro o conclama ao uso de seus dons para servir às pessoas (1Pe 4.10). Paulo o chama a dizer a verdade em amor, a fim de que sua igreja amadureça (Ef 4.13,15). Percebe aonde estamos chegando?

Seja você membro ou líder da igreja, a série *9Marcas: Construindo Igrejas Saudáveis* tem como alvo ajudá-lo a cumprir esses mandamentos bíblicos e, assim, desempenhar sua parte na construção de uma igreja saudável. Em outras palavras: esperamos que esses livros o ajudem a crescer em amor por sua igreja, assim como Jesus a ama.

O Ministério 9Marcas planeja produzir um livro pequeno e de fácil leitura sobre cada uma das características que Mark Dever chamou "as nove marcas da igreja saudável", com um volume extra sobre a sã doutrina. Leia também os livros sobre pregação expositiva, teologia bíblica, o evangelho, conversão, membresia na igreja, disciplina na igreja, discipulado e liderança bíblica na igreja (presbíteros).

As igrejas locais existem para demonstrar a glória de Deus às nações. Fazemos isso ao fixar os olhos no evangelho de Jesus Cristo, confiando nele para sermos salvos e amando uns aos outros com a santidade, a unidade e o amor de Deus. Oramos para que este livro o ajude.

Cheios de esperança,

Mark Dever e Jonathan Leeman,
organizadores da série.

APRESENTAÇÃO

Lembro-me da primeira vez que me encontrei com Mack Stiles. Fomos preletores de uma mesma conferência nos EUA, e, enquanto eu e outros conferencistas passávamos a maior parte do tempo conversando, Mack dificilmente se encontrava em nosso meio. Eu me perguntava a razão disso, até descobrir que Mack passava a maior parte do tempo falando a respeito de Jesus às pessoas que trabalhavam nos bastidores, nas instalações da conferência. A partir dessa primeira interação com esse irmão, percebi que tinha muito a aprender com ele.

Logo depois, tive o privilégio de, no exterior, estar onde Mack lidera um ministério dirigido a universitários e serve como presbítero de uma igreja. Preguei nessa igreja numa manhã, e, depois do culto, Mack começou a me apresentar a todo tipo de pessoas. As conversas foram mais ou menos assim (só que mudei os nomes das pessoas):

— Olá, meu nome é Abdul — um homem me disse. — Fui criado muçulmano, mas dois anos atrás Deus graciosamente me salvou dos meus pecados e de mim mesmo por meio de Cristo.

— Isso é maravilhoso — respondi. — Como você ouviu o evangelho?

— Por meio da amizade com Mack — Abdul respondeu. — Um dia, ele me perguntou se eu gostaria de acompanhá-lo na leitura completa do Evangelho de Marcos. Respondi que estava disposto, e, em poucos meses, o Espírito Santo abriu meu coração para crer.

Em seguida me dirigi a outro homem que também se apresentou: "Oi, sou Rajesh. Fui hindu a vida toda até que alguém me convidou para vir a esta igreja. Eu não sabia nada a respeito do cristianismo até chegar aqui, mas Mack e outras pessoas começaram a se encontrar comigo e a me mostrar quem é Jesus e o que ele realizou. Fiquei muito impressionado e, depois de fazer todos os tipos de perguntas possíveis a Mack, confiei em Cristo para receber a salvação".

Matthew estava atrás de Abdul e Rajesh. Ele me disse:

— Cresci como cristão nominal sem nenhum relacionamento com Cristo, mas no ano passado Deus abriu meus olhos para o verdadeiro significado da fé em Jesus. Arrependi-me dos meus pecados e cri nele.

— Deixe-me ver — eu disse. — Mack o levou a Jesus, certo?

— Não — respondeu Matthew. — Abdul e Rajesh passaram horas explicando a Bíblia para mim, mostrando-me o significado de seguir a Cristo. Então Matthew me perguntou:

Posso apresentá-lo a Stephen? É um amigo meu que está examinando o cristianismo e hoje veio comigo à reunião da igreja.

Essas conversas continuaram por muito tempo com várias pessoas, uma após outra. Fiquei muito impressionado com a graça de Deus derramada não somente sobre um cristão apaixonado por falar do evangelho, mas sobre toda uma comunidade apaixonada por falar do evangelho. Quando olhei à volta, observei uma cultura de evangelização contagiante em toda a igreja. Trata-se de uma cultura que em última análise não depende de eventos, projetos e programas, nem de ministros profissionais. Em vez disso, essa cultura de evangelização se constrói sobre pessoas cheias do poder do Espírito de Deus, anunciando o evangelho da graça de Deus na vida cotidiana e em seus relacionamentos.

Consequentemente, não consigo mesmo pensar em ninguém melhor que ele para escrever este livro, que mostra não somente como cada cristão pode cultivar a disciplina da evangelização, mas também como é possível criar uma cultura de evangelização em toda a igreja. Quando li este livro, peguei-me grifando frase após frase, parágrafo após parágrafo, orando o tempo todo sobre como o Senhor poderia me usar a fim de criar essa cultura na igreja que pastoreio.

Este livro é bíblico e prático. É bom tanto para membros quanto para líderes da igreja e, por fim, glorifica a Deus. Que o Senhor use este material para abençoar sua vida e sua igreja — e milhares de vidas e igrejas — com o objetivo de que a igreja dele veja mais e mais pessoas como Abdul, Rajesh, Matthew e Stephen se aproximando da fé salvadora em Cristo aqui e em todo o mundo.

DAVID PLATT,
pastor-titular da igreja The Church at
Brook Hills, em Birmingham, Alabama.

INTRODUÇÃO

— Qual é o assunto do seu livro, querido?

Essa foi a pergunta de uma senhora que veio buscar minha sogra para o jogo semanal delas, de *bridge*. Enquanto eu guardava o andador no banco traseiro do carro dela, perguntei-me o que dizer. Meu desejo era dizer: "Não é um livro que trata apenas sobre evangelização, mas que fala sobre o desenvolvimento de uma cultura de evangelização". Ela sentiu minha hesitação, olhou para minha sogra e me perguntou:

— Qual é o título, querido?

Mais uma vez eu parei, olhando para o céu. Minha sogra veio em meu socorro: "É sobre evangelização". Ela disse isso naquele tom que a gente usa para pessoas cuja audição já não é como antes.

— Ah... — disse a amiga dela. Havia um quê de interrogação após esse "Ah...". Fechei a porta do carro.

— Bem, o livro trata de como incentivar *toda uma igreja* a compartilhar a fé — eu disse.

A amiga olhou ainda mais confusa. E disse:

— Hum. — De pronto, ela se dirigiu à minha sogra. "Bem, Ann, sei que você está *muito* orgulhosa", disse ela, enquanto dava um tapinha no meu braço. Não importava que o próprio autor parecesse incapaz de dizer sobre o que o livro dele tratava.

Vou tentar dar uma resposta melhor a você. Este livro trata da evangelização *bíblica*. Não penso que os cristãos se propõem a escrever livros sobre evangelização baseados em princípios não bíblicos, mas pode acontecer. E isso porque existem ideias equivocadas a respeito dos principais elementos da evangelização. De modo geral, as ideias equivocadas se baseiam em princípios mercadológicos ou em entendimentos humanos a respeito de como argumentar com alguém a respeito do reino. Se não temos uma compreensão clara da evangelização bíblica, provavelmente não estamos evangelizando.

Por exemplo, uma dona de casa que se encontra com uma amiga para o café da manhã pode estar evangelizando, ao passo que um brilhante apologista cristão que se dirige a milhares de pessoas em uma igreja talvez não. Poucos enxergam a situação dessa forma, mas isso acontece porque temos entendimentos equivocados sobre a essência da evangelização. Defender a fé é uma ação muito nobre, mas é muito fácil apresentar a defesa do cristianismo sem explicar o evangelho — e não podemos evangelizar sem o evangelho.

Precisamos saber sobre o que estamos falando quando usamos as palavras "evangelização", "conversão" ou mesmo "evangelho". Essas palavras suscitam definições diferentes na mente das pessoas e muitas vezes são acompanhadas por pontos de interrogação. Se os cristãos não entendem esses conceitos básicos, logo nos afastaremos da órbita bíblica. Portanto, passaremos alguns momentos lidando com essas definições no capítulo 1.

Além disso, muitas pessoas talvez prefiram usar a palavra "missional" para designar o que chamo de "cultura da evangelização". Entendo porque têm essa preferência, mas

INTRODUÇÃO

quero manter a palavra *evangelização*. Trata-se de um termo bíblico importante, e uso essa palavra no livro todo.

Este livro *trata* da evangelização; mais que isso, porém, diz também respeito ao desenvolvimento de uma cultura de evangelização. O capítulo 2 trata disso. Quando digo "cultura de evangelização", não me refiro a muitos programas de evangelismo. Na verdade, isso pode ser uma surpresa para você: encorajo várias igrejas a eliminar seus programas evangelísticos. Contarei o motivo mais adiante, mas basta dizer aqui que desejo examinar de que maneira podemos integrar aos vários grupos de comunhão da nossa igreja aquela responsabilidade que todo cristão tem de proclamar a fé, multiplicando assim iniciativas individuais.

Grande parte do nosso problema com respeito à evangelização se deve ao fato de não enxergarmos suficientemente bem a importância da igreja. Creio que Deus ama o mundo e tem um plano maravilhoso para a evangelização: sua igreja. O capítulo 3 trata disso.

Tendo em vista que este livro trata de evangelização e de uma cultura de evangelização na vida da igreja, ele também descreve as plataformas — muitas vezes negligenciadas — que os cristãos devem construir para que possam desenvolver iniciativas evangelísticas saudáveis. O capítulo 4 trata disso. Exemplos:

- preparar-se intencionalmente para o evangelismo;
- manter um estilo de vida moldado pelo evangelho;
- não pressupor que já conhecemos suficientemente bem o evangelho;

- evangelizar como disciplina espiritual;
- orar;
- exercer uma liderança evangelística.

Então, é claro, precisamos analisar os princípios básicos que moldam a prática da proclamação da nossa fé — aquilo que precisamos fazer para viver como embaixadores de Cristo no mundo dominado pelo pecado. O capítulo 5 trata disso.

Tenho bons amigos que me consideram um evangelista; não estou tão certo disso. Desejo, sim, que as pessoas conheçam Jesus. Mas me sinto como alguém que procura ser fiel no evangelismo. No entanto, desejo que as pessoas saibam do meu medo real a respeito do que outras pessoas pensam sobre mim quando falo sobre assuntos espirituais. Tenho bastante consciência das minhas falhas e limitações na evangelização. E, quando olho à minha volta, observo muitas pessoas que são bem melhores nisso do que eu. Caso eu seja um evangelista, sou do tipo mediano.

Mas existe uma coisa, pela graça de Deus, em que sou bom: acredito que Deus tem me usado para desenvolver culturas de evangelização. Com o passar dos anos, ao ajudar a estabelecer ministérios estudantis ou a plantar igrejas, quis me certificar de que essas comunidades tivessem a evangelização em seu DNA, como um *ethos* e como uma cultura.

Essa é uma das paixões que me movem e a razão de eu estar tão entusiasmado com este livro. É uma forma de compartilhar com vocês aquelas coisas que amo ver agregadas umas às outras.

1

SOBRE APELOS E *SHOWS* DE *LASER*

Na década de 1970, a era dos "malucos por Jesus" [Jesus freak], eu tinha acabado de me formar. Nos meses iniciais de meu primeiro ano de faculdade, levei John, meu amigo e colega de quarto, a conhecer Jesus. Em um domingo, não muito depois disso, decidimos participar do culto de uma grande igreja batista no centro de Memphis.

Minha aparência causava certo impacto: eu usava um cabelo black-power enorme e vermelho, um *jeans* boca de sino e um casaco roxo de lã. Estávamos em meio a pessoas com cabelos e roupas convencionais.

O pregador apresentou sua mensagem, cantaram-se alguns hinos e então chegou o momento do apelo. O pregador anunciou com firmeza que preferia ver alguém saindo durante o sermão a sair durante o apelo, "a parte mais importante do culto".

Seguiu-se o apelo para que as pessoas entregassem a vida a Jesus. Alguns levantaram a mão. Recebemos um agradecimento e em seguida nos foi dito que "saíssemos" do assento e nos dirigíssemos à frente da igreja. O pregador afirmou: "Se vocês não puderem se decidir por Jesus publicamente na igreja, nunca se decidirão por ele fora destas paredes". Essa lógica me soava muito inflexível.

John, que mantinha a cabeça baixa e os olhos abertos (contra as instruções), sussurrou para mim:

— Você acha que eu devo ir até lá?

— Acho que não vai doer —, sussurrei de volta. — Vou com você. John se levantou do banco, e eu o segui.

Dezenas "saíram" dos lugares e se dirigiram para frente. Não sabíamos, mas a maioria dessas pessoas eram diáconos. À frente, linhas semicirculares de bancos nos cercavam. A congregação, mais numerosa do que percebêramos quando estávamos nos bancos de trás, parecia se inclinar para frente e focar-se em nós, sorrindo.

Em um segundo, o pregador estava do meu lado.

— Filho, por que você está aqui hoje? — perguntou-me com uma voz agradável. Ele mantinha o microfone abaixado contra a perna e enrolou o longo cabo do alto-falante (que estava atrás de seus pés) com um movimento do pulso.

— Bem — respondi —, meu amigo John, aqui, aceitou Jesus há algumas semanas e desejava se decidir por Jesus. O pastor voltou o olhar para John, cuja vida estava uma bagunça, mas se vestia da forma convencional. Ele acenou para John com a cabeça: "Isso é maravilhoso, filho". Voltando-se para mim, ele disse:

— E o que o traz aqui à frente?

Eu estava olhando para a galeria e para os holofotes brilhantes com um olhar deslumbrado, do tipo do jovem do interior na cidade grande.

— Bem, eu... vim para apoiar o John — balbuciei.

— Entendo — ele disse — fazendo um sinal de aprovação

com um movimento da cabeça; seu braço agora estava sobre o meu ombro. — Você é cristão, filho?

— Sim, sou — respondi.

— E você gostaria de rededicar sua vida a Jesus?

Eu não entendia as complexidades teológicas da pergunta; por isso, respondi:

— Acho que sim.

O pregador então aproximou o microfone dos lábios e olhou para a galeria. Localizou a recém-instalada câmera de TV e apontou para ela com a mão, tendo os dedos separados: "Gostaria de dizer a todos vocês, telespectadores, que esses dois jovens vieram entregar a vida a Jesus. Vocês podem fazer isso em sua casa, neste exato momento, onde se encontrarem...".

Demorei alguns anos para entender o que aconteceu naquele momento.

O QUE É EVANGELIZAÇÃO?

Quando me recordo desse culto há tantos anos, desejo perguntar: ocorreu algum tipo de evangelização naquela manhã na igreja?

Precisamos ter cuidado com nossa resposta. Muitas pessoas se tornaram cristãs quando caminharam pelo corredor até a frente depois de atenderem ao apelo. Pouco tempo atrás, numa convenção de pastores no Southeastern Seminary, o diretor, Danny Akin, percebeu que os pastores reunidos eram culturalmente sofisticados, tinham uma boa formação acadêmica e um bom nível teológico. Nenhum deles consideraria fazer um apelo como aquele que experimentei em Memphis. Mas então Akin perguntou: "Quantos de vocês vieram a crer em igrejas que evangelizavam de alguma maneira que agora vocês rejeitam?". Quase todos levantaram a mão.

Essa resposta deveria nos levar a fazer uma pausa. Há muito espaço para a humildade quando o assunto é evangelização. Precisamos reconhecer a soberania de Deus e sua capacidade de agir de acordo com sua vontade ao atrair pessoas para si. Não há fórmulas que ditem como Deus deve agir na evangelização. E, ainda que possamos discordar das práticas evangelísticas de alguns indivíduos, ministérios ou igrejas, também precisamos reconhecer que, quando as pessoas cultivam um compromisso genuíno com a evangelização, Deus pode produzir frutos verdadeiros.

Eu, por exemplo, prefiro as pessoas que evangelizam da melhor forma possível àquelas que se omitem enquanto não encontram a prática perfeita. Você se lembra da gentileza com que Priscila e Áquila instruíram Apolo em suas iniciativas evangelísticas (At 18.26)? Paulo se alegrou até mesmo com a evangelização motivada por razões egoístas e que lhe causaram problemas (Fp 1.17,18). Assim, quando as pessoas vêm a crer em consequência de meios e métodos estranhos, devemos, antes de qualquer coisa, nos alegrar pelo fato de Deus ser capaz de usar até as menores sementes da verdade do evangelho e fazê-las crescer até se tornarem o grande fruto da reconciliação do evangelho no coração das pessoas.

É muito importante esclarecer o seguinte: não penso que fazer apelos seja algo categoricamente errado. No entanto, quando penso na minha experiência em Memphis, fica fácil perceber como os métodos utilizados naquela época eram guiados pelo desejo de obter resultados instantâneos: havia demasiada ênfase na decisão ou em ir à frente, muitas preocupações com a audiência do programa de TV e pouquíssimo interesse pela condição real da minha alma e do meu pecado.

Com o passar das décadas, muitas pessoas atenderam a apelos. No entanto, entre todos os que se haviam convertido de modo genuíno quando atenderam ao chamado, havia muito mais pessoas que apenas se dirigiam à frente da igreja por alguma forma de compulsão — da mesma maneira que John e eu. Ainda mais importante, mesmo que as pessoas venham a Jesus em decorrência de meios distintos, a Bíblia *nunca* usa resultados para orientar ou justificar a prática evangelística.

Assim, quando estabelecemos a prática da evangelização, é preciso partir de fundamentos bíblicos. Devemos deixar que eles deem forma e sirvam de base ao modo de compartilharmos nossa fé, protegendo nossa forma de evangelizar, em vez de começarmos a procurar maneiras de obter o máximo de impacto. Precisamos ser muito cuidadosos para conformar nossa prática evangelística à Bíblia, pois isso honra a Deus.

Infelizmente, a influência que predomina sobre nossas práticas evangelísticas vem do mundo — talvez do mundo dos negócios ou da seção de autoajuda das livrarias — e não das Escrituras. Satanás brinca com nosso desejo de obter resultados ao oferecer um ministério de TV de maior destaque ou ganho financeiro. Ele nos tenta até com desejos aparentemente genuínos, como o aumento no número de membros da igreja ou a crença persistente de que, se alguém fizer a oração do pecador, essa pessoa se tornará um crente comprometido, sem levar em consideração seu estilo de vida. Nisso tudo, as pessoas trocam princípios bíblicos por desejos mundanos, e nossas práticas evangelísticas são distorcidas.

Paulo era capaz de se regozijar com a pregação do evangelho, independentemente das motivações, por saber que Deus cumpriria seus propósitos por meio de sua Palavra. No entanto, Paulo também corrigiu práticas evangelísticas distorcidas: salientou que não devemos manipular pessoas, alterar a mensagem ou enganar (e.g., 2Co 4.1,2). Ao contrário, devemos procurar motivações puras em amor às pessoas e a Cristo, com a profunda convicção da verdade (2Co 5.11-15). Devemos crer que o Senhor aumentará o número de convertidos (At 2.47).

Pense sobre quanto o culto da igreja de Memphis vacilou à beira do engano:

- O pastor cria mesmo que a parte mais importante do culto era o apelo e não a pregação correta da Palavra de Deus?
- Em que parte da Bíblia vemos as pessoas erguer a mão e pedir que Jesus entre no coração delas? E quando ir à frente substitui o batismo como demonstração pública de nossa fé? Em uma igreja *batista*? Por favor!
- Não é manipulação que os diáconos saiam dos assentos como aparente resposta ao apelo? O uso de expressões não bíblicas como "rededicar a vida a Jesus" não estão deixando de apresentar com clareza toda a verdade (2Co 4.2)?

- Teria o pastor a intenção de mentir em público quando disse que John e eu havíamos entregue a vida a Jesus, apesar de não ter sido isso o que fizemos? Ou estava tão cego por causa das lentes culturais, que não se deu conta da presença de dois irmãos em Cristo diante dele? Fomos apenas usados para mostrar ao mundo a eficácia de suas iniciativas evangelísticas?

Na verdade, esses dois rapazes diante dele foi a maior coisa que ele deixou passar, e essa omissão me faz querer pular e gritar de ira. Ele deixou passar um exemplo do melhor tipo de evangelização: um jovem de 18 anos, incapaz de encontrar o Evangelho de Marcos sem o auxílio do sumário, havia levado seu amigo a Jesus simplesmente por amá-lo o suficiente para explicar o que sabia a respeito da mensagem do evangelho. Suspeito que a congregação e os telespectadores se encontravam tão dominados pelo que viam que também acabaram não refletindo sobre o assunto.

DEFINIÇÃO DE EVANGELIZAÇÃO

Como podemos saber quando a evangelização está acontecendo? Bem, a resposta depende de como a definimos. Definir evangelização de acordo com a Bíblia ajuda a alinhar nossa prática evangelística com as Escrituras. Eis a definição que tem me ajudado bastante ao longo dos anos:

> Evangelização é o ensino do evangelho com o objetivo de persuadir.

Muito simplificada, não é mesmo? Aposto que a maioria das pessoas esperaria muito mais de um termo teológico tão importante. Mas essa definição, por menor que seja, apresenta uma perspectiva muito melhor para avaliarmos nossa prática evangelística do que simplesmente observarmos quantas pessoas atenderam a um apelo.

Na mesma época em que John e eu frequentamos a igreja de Memphis, comprei uma Bíblia para ele. Era a Amplified Bible [Bíblia ampliada]. Se você não a conhece, nela são oferecidos vários sinônimos para os termos principais. A Amplified Bible talvez expandisse minha definição da seguinte maneira:

> *Evangelização* é o ensino (anúncio, proclamação, pregação) do evangelho (mensagem de Deus que nos conduz à salvação) com o objetivo (esperança, desejo, meta) de persuadir (convencer, converter).

Observe que a definição não exige uma resposta externa imediata. Ir à frente, levantar a mão ou mesmo fazer uma oração podem indicar que a evangelização está ocorrendo, mas esses atos não a definem. Observe também que, se faltar um dos quatro componentes, provavelmente estamos fazendo outra coisa, não evangelização.

Se fosse possível, eu gostaria muito de voltar no tempo e ensinar àquela igreja em Memphis o que é evangelização de verdade. Falaria a respeito das muitas doenças existentes nas igrejas mundo afora pelo fato de denominarem evangelização algo que não é. "Por favor", eu imploraria, "quando ensinarem, não digam às pessoas como devem se comportar durante o apelo. Ensinem com clareza o evangelho e o que se requer da pessoa que se volta para Cristo".

Eu insistiria com a igreja para persuadir, mas persuadir sem manipular. Eu a encorajaria a não excluir as dificuldades da vida cristã, por mais tentador que isso seja, a não confundir a resposta humana com a atuação do Espírito e a não mentir sobre os resultados. "E, por favor", eu diria, "evitem chamar as pessoas de cristãs sem as evidências de terem sido convertidas de verdade".

É evidente que, pelos padrões de hoje, é fácil desdenhar essas práticas eclesiásticas antigas. Mas, se formos honestos, diremos que enfrentamos a mesma tentação de sacrificar princípios bíblicos em troca de resultados e "sucesso". Quando olho à minha volta, não vejo muitas mudanças a não ser nas formas em que praticamos a evangelização não bíblica. Com frequência o evangelho permanece obscurecido, e termos não bíblicos diluem o significado verdadeiro e pungente de pecado, morte e inferno, ou trazem confusão àqueles que procuram a verdade de modo genuíno.

Promessas de saúde e riqueza enganam os mais vulneráveis: os pobres, os desfavorecidos e os doentes. E muitas igrejas oferecem um "evangelho" sem custo, confortável e repleto de benefícios que não se encontra em nenhum lugar das Escrituras. Na verdade, o evangelho é subvertido pelo que Paulo chama de "evangelhos diferentes", que em nada se relacionam com o evangelho (Gl 1.6,7). Ao atender aos desejos das pessoas, as igrejas comunicam que estão focadas no não cristão e não na glória de Deus demonstrada pela adoração de seu povo.

A notas musicais dos corais foram substituídas por *shows* de *laser*, de modo que os cultos se transformaram em ocasiões de entretenimento e não de adoração. Jesus era contagiante, mas nunca foi fonte de entretenimento; existe uma enorme diferença — e ela se perdeu na igreja moderna. Da mesma forma, fazer apelos a amigos, seguidores e convertidos usando as redes sociais parece muito com a câmera de TV na galeria: as duas práticas podem tentar os líderes eclesiásticos a perder as pessoas à sua frente. O trabalho de venda sob pressão foi substituído pela venda fácil dos produtos de autoajuda.

Esse tipo de coisa é o resultado das mesmas tentações mundanas que minam a evangelização bíblica, de modo que muitas pessoas que desdenham aquelas velhas práticas da igreja de Memphis precisarão pedir desculpas àquela igreja por incorrer no mesmo erro.

Existe, porém, uma resposta para essas tentações. Hoje ela não é diferente do que em meu primeiro ano de faculdade ou nas primeiras igrejas, nos dias de Paulo. A solução, portanto, é restaurar a evangelização centrada no evangelho e regida por princípios bíblicos em nossa mente e coração. Significa aprender a ensinar o evangelho com integridade e manter em vista o objetivo maior da verdadeira conversão.

Assim, vamos "ampliar", com cuidado, as quatro partes da minha definição: "ensino", "evangelho", "objetivo" e "persuadir".

ENSINO

Em primeiro lugar, não há evangelização sem palavras. Afinal, Jesus é a Palavra, e a Palavra estava com Deus (Jo 1.1).

A utilização mais importante das palavras na evangelização está no ato de ensinar. Se pensar a respeito, isso faz sentido para a razão. Nós, humanos, somos incapazes de descobrir o caminho da salvação por nós mesmos. Portanto, a salvação deve ser revelada a nós por Deus por meio de suas palavras.

O ensino também é o padrão da Bíblia. A Bíblia é um livro de ensinamentos. Ela nos ensina de Gênesis a Apocalipse. E manda ensinarmos outras pessoas: filhos, vizinhos, estrangeiros em nosso meio. As mulheres mais velhas devem ensinar as mais novas. A única qualificação do presbítero, além de ser um seguidor dedicado de Jesus, é que seja capaz de ensinar.

Talvez pelo fato de o ensino permear toda a Escritura, possamos deixar escapar seu valor. Jesus observou que as multidões eram como ovelhas sem pastor; por isso alimentou milhares com poucos pães e peixe (Mc 6.34-44; Lc 9.10-17). Esses milagres, como não podia deixar de ser, nos surpreendem. Mas o aspecto mais interessante é que, em cada caso, o *primeiro* ato compassivo de Jesus era ensinar.

Muitos de nós pensam, corretamente, em pregação quando pensa em evangelização. Quanto a mim, desejo que todos os sermões que eu pregar contenham o evangelho. Paulo certamente realizou sua parcela de pregação evangelística. No entanto, quando ele descreve seu ministério, muitas vezes afirma que se trata de um ministério de ensino (1Tm 2.7; 2Tm 1.11). J. I. Packer, em sua pesquisa sobre a prática evangelística de Paulo, afirma que o método de evangelização empregado por ele era primeiramente um método de ensino.[1]

Isso são boas notícias para aqueles de nós que não pregam todos os domingos. Nem todos podemos ser pregadores, mas todos podemos ensinar o evangelho quando a oportunidade surgir. Muitas vezes me pergunto se mais pessoas se aproximam da fé durante o almoço quando alguém pergunta "O que você achou do sermão de hoje?" do que durante o próprio sermão. Coisas incríveis acontecem quando podemos ensinar o evangelho.

Ser capaz de ensinar o evangelho beneficia nossa vida espiritual, pois isso requer que vivamos de acordo com as verdades do evangelho. Uma das primeiras coisas que devemos fazer junto à mesa da comunhão é verificar se nossa vida está alinhada ao evangelho. Pergunte-se a si mesmo: "Estou tendo uma vida de fé na obra de Cristo? Aplico a graça do evangelho aos que estão à minha volta? Concedo perdão sacrificial a quem pecou contra mim?".

Se você não sabe ensinar o evangelho, pode ser que não o tenha entendido de verdade. E, se não o entendeu, talvez não seja um cristão de verdade. Conheço várias pessoas que se consideravam crentes, mas, quando começaram a estudar o evangelho a fim de ensiná-lo, perceberam que nunca haviam realmente se arrependido de seu pecado e depositado a fé em Jesus.

---

[1] *Evangelism and the sovereignty of God* (Downers Grove: InterVarsity Press, 1979), p. 48 [edição em português: *Evangelização e a soberania de Deus*, 2. ed. (São Paulo: Cultura Cristã, 2012)].

O mais importante, no entanto, é lembrar-se de que o evangelho precisa ser ensinado antes que alguém possa se tornar cristão.

De modo geral, eu conduzi pessoas a Cristo ao longo dos anos porque um não cristão desejava estudar as Escrituras comigo: um grupo de estudantes analisando o Evangelho de Marcos num acampamento ou conferência, duas pessoas numa cafeteria ou apenas uma pessoa na hora do almoço. Independentemente do lugar ou da pessoa com quem estamos, o processo é simples: lemos a passagem e conversamos sobre seu significado. Aos poucos, as pessoas vêm a Jesus porque o evangelho foi ensinado a elas. Essa situação pode não ser tão emocionante quanto um avivamento em massa, mas, se todo cristão fizesse isso com amigos não cristãos, o alcance e a autenticidade seriam muito maiores.

EVANGELHO

Não ensinamos matemática nem biologia. Ensinamos o evangelho. É importante ensinar bem o evangelho porque há muita confusão a respeito dele no mundo.

Podemos cometer dois erros em relação ao evangelho. É possível torná-lo pequeno ou grande demais. Tanto um quanto outro erro se deve a um pequeno detalhe: mal-entendidos sobre as implicações do evangelho. Essas implicações procedem da nossa crença na mensagem do evangelho.

O evangelho encolhido

Podemos diminuir o evangelho quando consideramos que ele apenas "nos salva" — que se trata de um tipo de seguro contra incêndio, sem entender que tem implicações para a totalidade da vida.

Como o evangelho manifesta o coração de Deus, é lógico que os temas do evangelho nos digam como viver — temas como amor, reconciliação, perdão, fé, humildade, arrependimento e mais. Assim percebemos que o evangelho se torna a porta para a salvação e o padrão para a vida.

Tim Keller escreveu de forma brilhante a respeito da vida centrada no evangelho, sobre o fato de o evangelho não consistir apenas no á-bê-cê da vida cristã — o caminho da salvação — e sim no alfabeto inteiro da vida cristã, o á-a-zê.[2] Ele serve de base para o modo de vivermos a vida. Falaremos mais a respeito da vida centrada no evangelho no capítulo 4.

O evangelho inflado

Tornamos o evangelho maior do que é quando afirmamos que o evangelho é tudo. Fazemos isso quando pensamos que somos salvos pela fé *e* pelas várias implicações do evangelho. Por exemplo, parte do mundo cristão acredita na nossa salvação por meio da fé e das boas obras. Outros, talvez a maioria, creem que seja por meio da fé e da lei.

Muitos complementos foram acrescidos ao evangelho ao longo da história. O erro é sempre o mesmo. As pessoas acrescentam coisas que podem ser boas, até religiosas, como viver moralmente, cuidar dos pobres ou enxergar

---

[2]*Paul's letter to the Galatians: living in line with the truth of the gospel* (New York: Redeemer Presbyterian Church, 2003), p. 2.

os sacramentos do batismo e da comunhão como fundamentais para a salvação. Todos esses são elementos importantes da vida cristã e privilégios para os cristãos. Mas, apesar de procederem do evangelho, são incapazes de nos salvar. Os acréscimos ao evangelho, por melhores ou mais bem-intencionadas que sejam, corrompem-no.

Uma boa definição do evangelho

Assim, quando falamos sobre viver a vida cristã, estamos falando de viver os temas e as implicações do evangelho. Mas, quando falamos a respeito da salvação, concentramo-nos na mensagem do evangelho. Quando compartilhamos nossa fé, nos focamos naquela *mensagem* que conduz à salvação. É importante observar que, quando a Bíblia usa a palavra *evangelho*, tanto no Antigo Testamento[3] quanto no Novo, sempre o faz em relação à salvação.

Esta definição funciona bem:

> *Evangelho* é a mensagem de grande alegria da parte de Deus que nos conduz à salvação.

Essa é outra definição que parece desapontar, pois precisamos perguntar: "O que, então, é a mensagem de salvação?".

A *mensagem* do evangelho responde a quatro grandes perguntas: "Quem é Deus? Por que estamos neste caos? O que Cristo fez? E como podemos voltar para Deus?". Não existem perguntas mais importantes no mundo, e as

---

[3] A palavra comumente traduzida por "evangelho" no Novo Testamento é muitas vezes traduzida por "boas-novas" no Antigo Testamento (p. ex., Is 52.7).

respostas são resumidas neste esboço: Deus, homem, Cristo, resposta (confira no apêndice várias passagens bíblicas que fundamentam o esboço):

- Deus é nosso Criador. Ele é amoroso, santo e justo. Um dia, executará sua justiça perfeita contra todo pecado.
- As pessoas foram criadas à imagem de Deus. Somos criaturas belas e incríveis com dignidade, importância e valor. Mas, por causa da nossa rebelião intencional e pecaminosa contra Deus, passamos de filhos a inimigos seus. Ainda assim, todas as pessoas têm a possibilidade de ser restauradas a um relacionamento de amor com o Deus vivo.
- Cristo é o Filho de Deus, cuja vida sem pecado lhe deu a capacidade de se tornar o sacrifício perfeito. Por meio de sua morte na cruz, ele redimiu pecadores. A morte de Jesus pagou pelos pecados de todos os que se aproximam dele com fé. A ressurreição de Cristo dentre os mortos é a vindicação final da veracidade dessas afirmações.
- A resposta que Deus requer de nós é o reconhecimento dos nossos pecados, o arrependimento e a fé em Cristo. Assim damos as costas ao pecado, especialmente o pecado da incredulidade, e nos voltamos para Deus com fé, com o entendimento de que o seguiremos pelo resto dos nossos dias.

Outra forma de contar a mesma história se encontra no esboço "Criação, Queda, redenção e consumação". Há outros resumos muito bons do evangelho. O esboço que você usar não é tão importante quanto o ensino da mensagem que as pessoas devem saber para ser reconciliadas com Deus.

A esperança ao evangelizar é que estejamos tão encharcados com a verdade do evangelho e vivamos de tal modo o evangelho, dedicando-nos tanto a seu estudo, que o evangelho simplesmente transbordará de nós.

OBJETIVO

Ao ensinarmos o evangelho, temos um objetivo. *Objetivo* não é uma palavra importante, e pode ser fácil desconsiderá-la ao analisarmos a definição de evangelização. Mas o objetivo pode ser o que faz os cristãos errar com mais frequência no evangelismo, em especial os cristãos mais maduros.

Nosso objetivo se origina do entendimento de que todas as pessoas com quem conversamos terão um de dois destinos: vida eterna ou punição eterna. Portanto, não expomos os fatos do evangelho de forma acadêmica ou ao acaso. Temos um objetivo ou direção ao ensinar o evangelho.

O objetivo também nos faz lembrar que as pessoas precisam de mais do que transferência de informações. Algumas pessoas que consideram a evangelização apenas ensino se saem muito bem em explicar, expandir e responder a perguntas, como deveria ser o caso de todos nós. Todo cristão deve se dedicar a analisar detidamente as razões da nossa esperança em Cristo, razões que afastam objeções e dúvidas. Mas, assim que estabelecemos as verdades do evangelho, lembramos que o objetivo da evangelização nos ajuda a sermos compassivos, compreensivos e amorosos (1Pe 3.15).

Ter um objetivo nos ajuda a manter a perspectiva do que estamos fazendo. Ele nos guia em direção a um fim. Ajuda-nos a lembrar de que há muito em jogo: ver pessoas serem transportadas das trevas para a luz, da escravidão para a liberdade. Ter por objetivo algo maior nos ajuda a saber quais lutas abraçar e quais evitar.

Eu estava num programa de rádio quando uma mulher telefonou:

— Devo ir à cerimônia de batismo do filho da minha irmã? — ela perguntou. Em seguida começou a verbalizar certa ira, até mesmo ódio, pelo fato de a irmã pensar que aquele ato "salvaria" o filho.

Eu a interrompi:

— Acho que você deve ir, não para apoiar o entendimento não bíblico de conversão. Acredito que deva ir para alcançar um objetivo maior que apenas corrigir o entendimento teológico equivocado de sua irmã a respeito do batismo. Deve ir e ser solidária e amorosa, pois deseja ter um canal de comunicação com sua irmã para que ela possa descobrir o único caminho da salvação... e também com seu sobrinho mais à frente, com esse mesmo objetivo.

Queria que ela tivesse um objetivo melhor para que não perdesse o alvo da evangelização.

PERSUADIR

Ao evangelizarmos, não serve qualquer objetivo. Contamos com um alvo muito específico: persuadir pessoas à conversão, a fim de que se tornem seguidoras de Jesus.

Paulo diz que procuramos convencer as pessoas para que sigam Jesus (2Co 5.11). Considero útil a palavra *persuadir*, pois ela nos guarda de um erro: persuadimos, mas não manipulamos; persuadimos, mas não somos nós que produzimos arrependimento ou conversão. É claro que desejamos ver pessoas convertidas pelo fato de entendermos a necessidade da conversão para que se tornem cristãs. No entanto, a verdadeira conversão é obra do Espírito Santo.

Na realidade, a conversão é um dos aspectos mais incompreendidos da fé cristã. Foi de difícil compreensão quando Jesus a ensinou a um líder religioso de seu tempo (Jo 3). É de difícil compreensão hoje para cristãos e não cristãos. Por isso, será proveitoso dedicarmos um tempo para explicá-la.

No contexto islâmico em que vivo, muitas pessoas de outras origens religiosas acham estranho quando me ouvem pregar que ninguém nasce cristão, que todos os cristãos são convertidos. Mesmo as pessoas procedentes da cultura cristã se sentem confusas a respeito da conversão, pois muitas vêm de tradições que enfatizam que as pessoas são cristãs por razões externas. No entanto, a Bíblia ensina de forma clara que a conversão não é função da religião dos pais, da igreja à qual se unem ou do que está escrito no nosso passaporte. Ela não se baseia nas suas realizações acadêmicas, mesmo que provenham de uma instituição religiosa. A conversão procede da fé em Jesus — verdadeira, consciente e genuína.

Da mesma forma que somos incapazes de produzir a conversão, também não podemos produzir fé genuína. Também faz parte das atribuições do Espírito Santo.

Meu amigo Jeff estava conversando com um colega corretor sobre o cristianismo na hora do almoço. No decorrer da conversa, o colega de Jeff disse com um tom um tanto desdenhoso:

— Ah, Jeff, eu gostaria de ter sua fé.

Jeff respondeu:

— A fé é um dom. Não tem nada a ver comigo. Deus é quem a concede; assim, orarei que para que o dom da fé lhe seja concedido.

O homem não esperava essa resposta, mas se tratava da resposta correta. A conversão é uma exigência, mas depende da fé genuína outorgada pelo Espírito.

No entanto, o ponto mais importante a ser compreendido a respeito da conversão é o que acontece depois dela.

FOGO NA SINAGOGA: COMO RECONHECEMOS UM CONVERTIDO

Conversão não é apenas uma sensação boa. Não se trata apenas de mudar de ideia. Não é a virada de uma nova página. Essas coisas podem ocorrer, mas elas acontecem por razões outras que não a conversão. A verdadeira conversão é algo único. Ela surge do arrependimento e da fé, e seu fruto é a vida transformada.

Recentemente, fui ouvir uma palestra de James McPherson, o historiador que recebeu o prêmio Pulitzer pela palestra sobre as batalhas navais durante a Guerra de Secessão, nos Estados Unidos. A palestra patrocinada pela Sociedade Histórica ocorreu numa grande sinagoga. O auditório estava lotado. Havia certa eletricidade no ar enquanto esperávamos ouvir o conhecidíssimo professor de Princeton.

Quando o dr. McPherson subiu ao palco, ele também assumiu o comando.

Sua voz ressonante, humor inteligente e comando surpreendente do material cativaram o público. Mas, no meio da palestra, o alarme de incêndio soou. Era um senhor alarme. Não se tratava apenas de um som repetitivo proveniente de alarmes eletrônicos. Também havia luzes estroboscópicas com *flashes* ofuscantes, a intervalos irregulares.

O dr. McPherson congelou. Seus olhos arregalados me lembraram uma coruja repentinamente acordada do sono. Ele virou a cabeça de um lado para outro, sem saber o que fazer. Uma vez que ninguém na plateia frequentava a sinagoga, ninguém assumiu o comando. Apenas olhávamos à volta, sorrindo para as pessoas próximas e pensando o que fazer. Naquele espaço de tempo, que pareceu uma eternidade, o alarme continuou soando. As pessoas nas cadeiras começaram a conversar em pequenos grupos enquanto aguardavam o alarme parar.

"Talvez seja um incêndio de verdade", pensei. Mas logo me livrei dessa ideia: é comum haver alarmes falsos; imaginei que o alarme só precisava ser reiniciado. Além disso, ninguém mais parecia pensar que houvesse um problema — com exceção, talvez, de um homem que se colocou em pé e, com calma, dirigiu-se até a saída e deixou o prédio. Não tenho certeza se muitas pessoas repararam nele. Pouco tempo depois o alarme parou e o dr. McPherson continuou a palestra do ponto em que havia parado.

Se essa for uma parábola sobre a verdadeira conversão, havia apenas um verdadeiro convertido naquele lugar, só um crente verdadeiro; o resto de nós foi vitimado pela própria racionalização. Algumas pessoas poderiam até ter considerado a existência de fogo, mas não acreditaram o suficiente para deixar o lugar. Não somos persuadidos no sentido bíblico até que nos arrependamos, depositemos fé genuína em Jesus e andemos com ele.

Agora ela está completa: as quatro partes da minha definição de evangelização.

O QUE ACONTECERÁ SE ENTENDERMOS A EVANGELIZAÇÃO DE FORMA ERRADA?

Evangelização é o ensino do evangelho (a mensagem de Deus que nos conduz à salvação) com o objetivo de persuadir. Se a igreja não entender a evangelização bíblica, com o tempo essa igreja será subvertida. Se não praticarmos a evangelização sadia, as pedras do dominó começarão a cair:

- O foco da pregação e do ensino passa a ser viver apenas de acordo com a moral, não levar uma vida centrada no evangelho.
- Os não cristãos são induzidos a pensar que se encontram bem em seu estado de perdição.
- Os cristãos pensam que os não cristãos são crentes pelo fato de terem se comprometido de maneira superficial e aparente.
- A igreja batiza pessoas que não são crentes.

- A igreja permite que não cristãos sejam membros.
- Mais tarde, não cristãos se tornam líderes na igreja.
- A igreja se transforma numa subcultura do nominalismo.

A evangelização não bíblica é um método de suicídio assistido da igreja; assim, há muito em jogo ao compreendermos corretamente a evangelização.

Os evangelistas são como conselheiros experientes chamados para conversar com pessoas que ameaçam cometer suicídio. Seu objetivo é convencer os que estão a ponto de saltar do precipício a sair da "borda". Os conselheiros não usam força física nem mentem. Usam a verdade, a esperança e a razão a fim de persuadir. Permanecem tranquilos e calmos; além disso, são amáveis, pois sabem que uma vida está em risco.

Como eles, nos valemos da esperança do evangelho para raciocinar. Também mantemos a calma e somos amáveis, porque nos lembramos do que está em jogo. Nosso objetivo é persuadir as pessoas a saírem da borda. E ocorre um grande alívio quando alguém é persuadido e se dirige ao abraço seguro do Salvador.

2

UMA CULTURA DE EVANGELIZAÇÃO

O apóstolo Paulo escreveu na Carta aos Filipenses:

> Vocês estão em meu coração, já que todos são participantes comigo da graça, tanto nas minhas prisões quanto na defesa e na confirmação do evangelho. Pois Deus é minha testemunha de que tenho saudades de todos vocês com a afeição de Cristo Jesus (Fp 1.7,8).

Eu me identifico muito com o sentimento de Paulo em relação a seus amigos de Filipos. Pois, pelo que consigo lembrar, sempre convivi com meus amigos.

Quando eu era criança, tinha o hábito de levar meus amigos para casa. Minhas lembranças mais antigas são do nosso quintal cheio de amigos — para a felicidade de minha mãe extrovertida.

Na faculdade, eu raramente estudava sozinho — bem, é verdade, eu raramente estudava, mas, quando o fazia, sempre estava com um grupo de irmãos e irmãs.

Casei-me com minha melhor amiga.

Na minha profissão, aprecio o trabalho que me coloca em contato com pessoas que eu admiro e considero amigas.

Levei amigos comigo para morarem em diferentes continentes do mundo e fiz amizade com as pessoas que moravam nesses lugares também.

Existem lutas, claro. Estou lutando (sem sucesso), por exemplo, para descobrir como escrever um livro com amigos. Mas, a despeito da atividade individual exigida algumas vezes, o desejo da minha vida, do quintal até os lugares mais distantes do mundo, é estar com os amigos. Sempre tive esse desejo; está nos meus genes.

Então, por que alguém extrovertido como eu pensa na evangelização apenas de uma perspectiva individual? Talvez seja porque a maior parte do ensino sobre evangelização que ouvi até hoje tenha sido sobre evangelização pessoal. Mesmo a maior parte do que já ensinei ao longo dos anos tratou de evangelização pessoal. Isso é estranho para mim, especialmente porque evangelização é algo assustador e não gosto de fazer nada assustador. Aposto que você também não gosta.

É claro que existem pessoas raras e desinibidas em relação a comunicar a fé. Mas, se você perguntar à maioria das pessoas normais o que as impede de evangelizar, a maioria absoluta lhe dirá que é o medo: medo de rejeição, de parecer bobas ou de ser relegadas ao estereótipo de evangelistas esquisitos. Com licença de G. K. Chesterton: a evangelização não foi julgada e condenada; foi considerada difícil e abandonada sem ser experimentada.

Assim, por que alguém faria sozinho algo assustador e difícil? Crentes, formem grupos! Evangelizem com amigos crentes que os mobilizarão.

Aprecio a evangelização pessoal, e precisamos estar prontos para isso. Mas, como acredito na igreja como a engrenagem da evangelização, precisamos desenvolver culturas de evangelização também em nossa igreja local. Queremos igrejas inteiras que falem sobre Jesus. Pense nos benefícios da evangelização comunitária:

- prestamos contas uns aos outros;
- fortalecemos mutuamente nossa resolução;
- aprendemos uns com os outros;
- alegramo-nos juntos no sucesso e choramos juntos no fracasso e
- fortalecemos o relacionamento com experiências compartilhadas em situações intensas.

Faz sentido compartilhar a fé ao lado dos amigos.

Na verdade, não é muito difícil convencer a maior parte dos cristãos de que a evangelização em comunidade é uma ótima ideia. Também não é complicado encontrar pessoas que unam esforços para cumprir alguma ação evangelística.

No entanto, quando pensamos na evangelização em comunidade, é comum pensarmos em programas evangelísticos, o que não é a mesma coisa. Com o termo "programa", refiro-me a um grande evento especial com a participação de um orador bastante conhecido ou com um tema interessante. Em algum momento desse evento, o evangelho é apresentado. Ou talvez o programa seja mais discreto e tenha como alvo alcançar pessoas em busca de espiritualidade, como um projeto de prestação de serviços ou um programa de esportes, com a esperança de que possa abrir a porta para uma conversa espiritual.

Deus pode usar programas. Conheço pessoas que vieram a crer durante eventos evangelísticos. Só para constar, promovo com frequência programas evangelísticos e falo neles. No entanto, não considero esses programas os meios mais eficientes nem mais importantes de realizar a evangelização.

UM PROGRAMA DE ENCENAÇÃO DA PÁSCOA

Uma igreja da minha cidade natal decidiu patrocinar uma encenação de Páscoa. A ideia era usar a incrível história da Páscoa e inseri-la numa peça teatral que convidasse as pessoas a Cristo. Peças da Paixão não são novidades, mas os presbíteros dessa igreja desejavam que o evangelho fosse apresentado com clareza na encenação. No fim, as pessoas teriam a oportunidade de corresponder às boas-novas.

Esse objetivo demandava que um roteiro bem escrito sobrepujasse as limitações do palco. E, claro, a encenação deveria entreter. Assim, houve músicas e ótimas atuações. Os membros da igreja foram chamados para construir cenários elaborados e trabalharam incansavelmente para cumprir um cronograma rigoroso de produção. Zoológicos e fazendas cederam seus animais e treinadores. Camelos, ovelhas e vacas atravessavam o corredor para chegar ao palco, para a alegria da plateia. Na maior parte do tempo, as pombas voavam no tempo certo.

A encenação era apresentada todos os anos, e, à medida que o tempo passava, sua popularidade ultrapassava as expectativas. Ao tornar-se mais popular, foram contratados produtores profissionais de Hollywood. Até o papel de "Jesus" era feito por um ator (não cristão) de Hollywood. Embora a igreja tivesse um dos maiores templos da região, a demanda por assentos superava a oferta. Entradas grátis eram distribuídas para controlar a multidão; as apresentações duravam várias semanas, e sempre eram feitas sessões extras. As pessoas afluíam de cidades das redondezas e de lugares mais distantes. O programa ganhou vida própria.

Quando tudo ficava pronto, era uma apresentação e tanto! Ninguém dormia durante *essa* narração do evangelho! A atuação era excelente, e a música, profissional. Os animais encantavam as crianças. O ponto alto, pelo menos para meus filhos, era quando o garanhão branco se empinava no palco e o centurião montado nele brandia a espada. (Nunca entendi de que parte dos Evangelhos essa cena foi extraída.) Após a crucificação, encenada de forma mais "espetacular" que a realidade, Jesus era erguido até o teto por meio de uma série de cabos. Tudo era muito incrível!

Havia, porém, só um problema: quando a igreja parou para avaliar o que se passou ao longo dos anos, a despeito de toda a popularidade do programa, percebeu que quase ninguém havia se entregado a Jesus.

As pessoas não estavam se achegando a Jesus — pelo menos não em números mais expressivos que o esperado durante a pregação regular da Palavra, apesar do gasto enorme de dinheiro, de todo o tempo empreendido na construção de cenários, da contratação de pessoal, do cumprimento da legislação estrita da cidade para suspender pessoas em cabos, de todos os milhares e milhares de pessoas presentes e da varredura do esterco animal. Por isso, os presbíteros da igreja, com sabedoria, encerraram essa encenação.

Aposto que essa foi uma decisão difícil. As pessoas gostam muito de programas — basta reparar na frequência à encenação. Mas a igreja decidiu, por fim, que, se os membros usassem metade do tempo gasto na produção com conversas evangelísticas amigáveis com vizinhos, colegas de trabalho ou de estudo, veriam uma resposta melhor ao evangelho e alcançariam muito mais pessoas. Se você pensar sobre o assunto, seria impossível colocar no templo de sua igreja todos os não cristãos com quem os membros de sua igreja fazem contato toda semana — não importa quão grande seja o prédio.

O fato é que a maior parte das pessoas chega à fé por meio da influência de membros da família, de estudos bíblicos em grupos pequenos ou da conversa com um amigo após o culto na igreja: cristãos que falam de modo intencional a respeito do evangelho.

No entanto, quando analisamos friamente esses programas especiais, as coisas não se encaixam. Ocorre uma inversão econômica do dinheiro aplicado: quanto mais dinheiro é gasto em programas, menos fruto procede da evangelização. Assim, por exemplo, quando pessoas com menos de 21 anos (a média da idade em que as pessoas se tornam cristãs) respondem sobre o modo em que nasceram de novo, apenas 1% delas afirma ter sido por meio de um programa de TV ou de outras mídias, ao passo que o número colossal de 43% das pessoas dizem ter chegado à fé por meio de um amigo ou de um membro da família.[1] Apenas pense na diferença do custo entre uma xícara de café e um programa de TV. Ou pense no efeito: mães levam mais pessoas a Jesus que programas especiais.

É estranho, mas parece que os programas evangelísticos fazem *outras* coisas melhor do que evangelização: produzem um senso de comunidade entre os cristãos que participam deles, encorajam os crentes a se posicionarem por Cristo e possibilitam às igrejas abrir novas frentes de ministério.

Contudo, parece que temos uma fome insaciável de programas evangelísticos. Por quê? Porque são como o açúcar. Delicioso, e até viciante. Entretanto, elimina o desejo por alimentos mais saudáveis. Apesar de fornecer um pico imediato de energia, com o passar do tempo torna as pessoas mais flácidas, e o consumo constante é mortal.

A dieta estrita de programas evangelísticos produz uma evangelização desnutrida. Do mesmo modo que a ingestão de açúcar pode nos dar a sensação de estarmos alimentados quando não estamos, os programas podem nos dar a sensação de termos evangelizado quando não o fizemos. Assim, deveríamos nutrir uma desconfiança saudável em relação aos programas. Devemos usá-los de forma estratégica, mas com moderação, lembrando-nos de que Deus não enviou um "evento", e sim seu Filho.

O que devemos fazer? Queremos que a comunidade evangelize. Desejamos que nossos amigos estejam conosco

---

[1] Veja Barna Group, "Evangelism is most effective among kids", disponível em: https://www.barna.org/barna-update/article/5-barna-update/196-evangelism-is-most-effective-among-kids#.UjmEo-AXd3g.

quando compartilhamos nossa fé. Mas ao mesmo tempo percebemos os limites e até os perigos dos programas. Existe outra opção?

Gostaria de apresentar algo completamente diferente, algo para a comunidade e para o indivíduo, ao mesmo tempo: uma cultura de evangelização.

O QUE É A CULTURA DE EVANGELIZAÇÃO?

Tenho vivido grande parte da minha vida em ambientes transculturais, e, se existe algo que aprendi, é a quase total impossibilidade de entender uma cultura, qualquer cultura, apenas pela leitura de um livro. O mesmo acontece com as definições e informações sobre a "cultura de evangelização". Qualquer explicação a seu respeito se dá sem experiências do mundo real para lhe dar sentido.

A cultura sem dúvida diz respeito a ideias compartilhadas, linguagem compartilhada e entendimento comum de como agir. Existem muitas manifestações culturais: tão amplas quanto a cultura chinesa e tão restritas quanto a cultura familiar. Não raro, a cultura é invisível, em especial para seus participantes. De modo similar, a "cultura da evangelização" em igrejas ou comunidades tem em comum conceitos bíblicos, linguagem bíblica e ações compartilhadas de fundamento bíblico. Essa cultura, também, muitas vezes é invisível para quem faz parte dela.

Todavia, quando converso com líderes eclesiásticos do mundo todo e lhes digo que anseio por uma "cultura de evangelização", não preciso definir a expressão. Eles me entendem de maneira intuitiva. E também a desejam.

Anseiam que suas igrejas sejam comunidades repletas de amor, comprometidas a transmitir o evangelho como parte de um estilo de vida duradouro, e não só numa incursão evangelística ocasional.

Ainda que seja quase impossível ensinar alguém a respeito de cada ato necessário na cultura saudável de evangelização, acredito que possamos descrever nossas aspirações a seu respeito. Por isso, dedicaremos o restante do capítulo observando essas aspirações. Seguem meus dez principais anseios em relação à cultura de evangelização:

1. Uma cultura motivada pelo amor por Jesus e por seu evangelho

> Pois o amor de Cristo nos controla, porque concluímos isto: se um morreu por todos, logo, todos morreram; e ele morreu por todos para que os que vivem não vivam mais para si mesmos, mas para aquele que por eles morreu e ressuscitou (2Co 5.14,15).

Muitas vezes, a evangelização se assemelha a empurrar uma bola morro acima. No entanto, quando me encontro com pessoas cuja motivação para evangelizar procede do amor por Jesus, a percepção delas muda. Ser compelido pelo amor a transmitir o evangelho de forma individual é algo lindo, mas, quando acontece em comunidade, trata-se de algo glorioso. A necessidade de instar as pessoas a falar da fé se evapora. Passamos a desejar isso. Torna-se uma forma de pensamento.

Pouco tempo atrás, estive com alguns amigos que estavam sendo encorajados a respeito de uns recém-convertidos e de seu crescimento espiritual. Brian voltou-se para Shanyl e disse: "Shanyl, estou impressionado com você. O Danny estava tão endurecido em relação ao evangelho, que a maioria das pessoas teria desistido, mas você insistiu com um amor incrível por Danny e por Jesus. Você não parou, e Deus o usou. É surpreendente ver agora como o evangelho transformou a vida do Danny".

Enquanto ouvia Brian encorajar Shanyl, fui encorajado ao lembrar o meu amor por Jesus e por seu evangelho, e fui recordado de quanto desejo compartilhar o evangelho fielmente com outras pessoas. O mundo, a carne e o Diabo sempre se opõem a nós na evangelização. Mas, numa cultura de evangelização, enraizada em um coração que ama Jesus e seu evangelho, parece que a montanha ficar menor e a trilha parece possível.

2. Uma cultura confiante no evangelho

> Não me envergonho do evangelho, pois é o poder de Deus para a salvação (Rm 1.16).

— Eu me pergunto quando eles perderam a confiança no evangelho — questionou meu amigo britânico.

Eu não estava acostumado com essa linguagem.

— O que você quer dizer? — perguntei.

Estávamos falando sobre um ministério pareclesiástico que já fora um centro vibrante de testemunho do evangelho e que ultimamente caíra num estado de mornidão. Infelizmente, a história está repleta desses relatos.

Ele levou o polegar e o indicador ao queixo e disse:

— Quero dizer, em que ponto eles começaram a confiar em artifícios e métodos mundanos e deixaram de crer na mensagem simples do evangelho?

Desejo uma cultura de evangelização que jamais troque a confiança no evangelho pela confiança em técnicas, personalidades ou artifícios de entretenimento. Os opositores do evangelho sempre dizem aos cristãos que o mundo moderno tornou sua mensagem irrelevante. Eles minam a confiança dos cristãos no poder do evangelho. Fizeram isso muito tempo atrás, num mundo que não se parece em nada com o atual; fazem-no hoje e o farão até Jesus voltar. O mundo procura enfraquecer os cristãos para que se envergonhem do evangelho. Almejo uma cultura de evangelização em que possamos edificar uns aos outros e nos lembrar mutuamente de deixar de lado as práticas e técnicas de evangelização mundanas, colocando nossa plena confiança no poder da mensagem simples do evangelho.

3. Uma cultura que compreende o perigo do entretenimento

O teu povo fala de ti junto às paredes e nas portas das casas, e um fala com o outro, cada um ao seu irmão, dizendo: "Vinde ouvir a palavra que vem do SENHOR". E eles vêm a ti, como o povo costuma fazer, e se assentam diante de ti para ouvir as tuas palavras, mas não as praticam; pois agem e falam cheios de cobiça, e seu coração busca o lucro. Tu és para eles como alguém que canta canções românticas, canção de quem tem voz suave e toca bem um instrumento; pois ouvem as tuas palavras, mas não as praticam (Ez 33.30-32).

EVANGELIZAÇÃO

As pessoas falavam a respeito de Ezequiel, o antigo profeta israelita, na rede social de seu tempo (junto às paredes e portas) e chamavam umas às outras: "Ei, vamos ouvir a apresentação mais nova e movimentada da cidade: a pregação de Ezequiel!". Iam ouvi-lo como se ele fosse um "cantor romântico" ou um grande músico. Essas pessoas não consideravam Ezequiel um profeta que lhes falava sobre a salvação, mas um animador. Com todo o entusiasmo delas com a apresentação, o que havia em sua mente era sexo e dinheiro, e não a obediência a Deus.

Isso não lhe soa um problema moderno? Para fazer com que as pessoas apareçam no culto de uma igreja hoje é preciso apenas postar uma mensagem convidativa no Twitter, arranjar uma apresentação musical vibrante ou encontrar um orador carismático que toque o coração dos presentes — e conta pontos extras se ele for engraçado. Não é difícil. Mas cuidado! Deus avisou Ezequiel, e ele nos adverte hoje: é possível juntar multidões com esses métodos sem ganhar o coração de ninguém. Alcançar o coração das pessoas é obra exclusiva do Espírito.

Numa cultura de evangelização, não confundimos entretenimento com ministério, nem ministério com entretenimento. Declaramos em conjunto as maravilhosas verdades de Deus. Contamos uns aos outros a respeito da grande salvação dele, de sua glória entre as nações e de suas obras maravilhosas (Sl 96.2,3). Anseio por uma igreja que compreenda os perigos do entretenimento e o reconheça pelo que é: um leão agachado junto à porta evangélica, pronto para nos devorar. Precisamos de uma cultura de evangelização que nunca faça sacrifícios à idolatria do entretenimento, mas que sirva o alimento rico encontrado no evangelho de Cristo.

4. Uma cultura que enxerga as pessoas com clareza

> Assim, daqui por diante não reconhecemos ninguém segundo a carne (2Co 5.16a).

Como é fácil adotar a cultura do mundo e enxergar as pessoas com base em conceitos sexuais ou racistas, ou em superficialidades semelhantes. Costumamos nos esquecer de que as pessoas à nossa volta são seres de carne e osso, com feridas, sonhos, lutas e amores reais. Mas Paulo fala sobre como nossa visão das pessoas muda quando conhecemos Cristo. Não as vemos com os olhos do mundo, como acontecia antes, mas por meio dos olhos de Deus.

Quando nos mudamos para Lexington, no Kentucky, desejávamos de forma genuína alcançar as pessoas à nossa volta. No entanto, nosso primeiro encontro a respeito de assuntos espirituais com nosso vizinho Tom, que vivia a três portas de distância, não chegou a ser promissor. Um dia ele me viu trabalhando no jardim e apareceu para fazer uma visita. Em uma de suas mãos havia uma bebida e na outra um cigarro. Conversávamos sobre coisas triviais, principalmente a respeito da beleza do jardim dele, quando meu filho de seis anos disparou: "Fumar é perigoso; você precisa parar", foi dizendo com uma expressão de reprovação e mãos nos quadris. "Ore a Jesus, e ele lhe ajudará a parar."

Eu fiquei sem palavras, com um sorriso congelado no rosto. "Ah, que maravilha!", pensei. "De onde veio isso? É provável que eles estejam pensando que somos fanáticos religiosos moralistas que se sentam à mesa e conversam sobre os vizinhos maus". Em defesa de David, sua tia Linda, recém-convertida, havia se comprometido a parar de fumar, e David estava orando por ela. Mesmo assim, eu me senti mal.

Mas Tom jogou fora o cigarro, fez contato visual com meu filho e sorriu enquanto colocava a mão sobre seu ombro e dizia: "Quer saber, David? Provavelmente você está certo. Deve estar certo".

Que resposta graciosa e maravilhosa da parte de Tom! Ela me fez pensar a respeito do que eu pensava dele. Percebi a necessidade de me arrepender de pensar em Tom apenas como um morador da minha rua e de passar a enxergá-lo por quem ele era. A fala de David pode ter sido um tanto indelicada, mas foi melhor que minha inação e, na verdade, levou a um relacionamento com Tom que eu não sei se aconteceria caso eu não tivesse começado a considerá-lo uma pessoa real.

Quando Paulo diz que devemos enxergar as pessoas com os olhos de Cristo, quer dizer que precisamos ver as pessoas de acordo com o evangelho. Assim, consideramos as pessoas criaturas belas e valiosas, criadas à imagem de Deus. Cada um de nós traz consigo a marca de Deus. Por isso os cristãos creem que todas as pessoas têm dignidade, importância e valor.

Ao mesmo tempo, reconhecemos que todas as pessoas são caídas, pecadoras e estão separadas de Deus. Todos distorcemos a imagem divina em formas horríveis. Por isso os cristãos também não se deixam levar pelas pessoas.

Mas, numa cultura de evangelização, acima de tudo olhamos para aquilo em que as pessoas podem se tornar: novas criaturas em Cristo, renovadas e restauradas pelo poder transformador de Deus (2Co 5.17). Desejo estar com cristãos que se lembram das pessoas como portadoras da imagem divina. Quero estar na companhia de cristãos que se recordam de que os seres humanos estão separados de Deus. Ainda mais que isso, anseio por uma cultura que se lembre do que as pessoas podem se tornar por meio do evangelho.

5. Uma cultura que congrega

> Dou graças ao meu Deus todas as vezes que me lembro de vós, fazendo sempre súplicas por todos vós, em todas as minhas orações, com alegria, em razão da vossa cooperação na causa do evangelho, desde o primeiro dia até agora (Fp 1.3-5).

Paulo escreveu para a igreja de Filipos, declarando-lhes a gratidão que sentia pela parceria com ele no ministério do evangelho. Essa é a imagem de uma cultura de evangelização. Eles se uniram por causa do evangelho. Todos cooperaram.

Quando fui treinador do time de futebol do meu filho de cinco anos, reuníamos o time (que era muito bonitinho) e perguntávamos:

— E aí, equipe, quando a outra equipe está com a bola, quais dos nossos jogadores estão na defesa?

Eles gritavam com entusiasmo:

— Todos!

Na sequência, perguntávamos:

— E quando estamos com a bola, quais jogadores estão no ataque?

Eles respondiam:

— Todos!

Entretanto, quando o jogo era para valer, colocar esse conceito em prática era um pouco mais difícil para crianças de cinco anos.

A evangelização é assim. No entanto, o objetivo das duas atividades é o mesmo: que todos se movam juntos na mesma direção.

Numa cultura de evangelização, existe o entendimento de que todos estão engajados. Você já ouviu alguém dizer "Não tenho o dom de evangelizar", como se isso isentasse a pessoa de partilhar sua fé. Esse é um entendimento infantil a respeito da evangelização. Todos os cristãos são chamados a anunciar a fé como sinal de fidelidade, não de dom (Mt 28.19).

Quero transmitir minha fé no contexto de uma igreja que entenda o que faço e que participe comigo. Nessa cultura, quando trago um amigo à igreja, as pessoas não presumem que ele seja cristão. Não ficam chocadas quando apresento alguém e digo: "Este é o Bob, e ele está examinando o cristianismo". E não só elas não se chocam, mas também respondem algo do tipo: "Fico feliz que você esteja aqui. Passei por isso há alguns anos, e gostaria de ouvir a respeito. Diga-me: o que está achando de tudo isso?".

Desejo uma cultura em que todos trabalhemos juntos com o objetivo de sermos testemunhas de Cristo.

6. Uma cultura em que as pessoas ensinam umas às outras

> ... estai sempre preparados para responder a todo o que vos pedir a razão da esperança que há em vós (1Pe 3.15b).

> Segue o modelo das sãs palavras que de mim ouviste na fé e no amor que estão em Cristo Jesus (2Tm 1.13).

Pedro nos ensina a estarmos prontos para apresentar razões e respostas a respeito de nossa esperança. Para sermos capazes disso, precisamos de treinamento refletido, que, em seguida, colocamos em uso. Por isso Paulo manda que Timóteo siga o que aprendeu.

Ficaria feliz em trocar toda a exuberância de oradores impressionantes, da música arrebatadora e das encenações de Páscoa extremamente populares por uma cultura de evangelização em que as pessoas fossem treinadas para conduzir estudos bíblicos com não cristãos a respeito do Evangelho de Marcos, apontassem para a mensagem do evangelho no texto e incentivassem o incrédulo a vir a Jesus com base na verdade aprendida das Escrituras.

Numa cultura de evangelização, os membros ensinam uns aos outros o que vimos no capítulo anterior: o que é evangelização, o que é o evangelho e o que é a verdadeira conversão de acordo com a Bíblia. Também ensinamos uns aos outros a compartilhar a mensagem do evangelho. Então fazemos tudo de novo, conscientes de que enferrujamos com o passar do tempo. Numa cultura de evangelização, as pessoas ensinam umas às outras, com cuidado, a compartilhar a fé de forma bíblica.

7. Uma cultura que modela a evangelização

> O que ouviste de mim, diante de muitas testemunhas, transmite a homens fiéis que serão aptos para ensinarem a outros também (2Tm 2.2).

O belo numa cultura de evangelização, se corretamente compreendida, é que os novos crentes têm o zelo e os contatos que muitas vezes faltam aos cristãos mais velhos. No entanto, os cristãos mais velhos têm a experiência e o conhecimento que faltam aos cristãos mais novos.

Enquanto digito, minha mulher está sentada no sofá se preparando para encontrar-se de tarde com Ruth e Samanti. Leeann utiliza com elas o livro *Christianity explained* [Cristianismo explicado]. Ruth é recém-convertida; está entusiasmada com a fé e com a transmissão do evangelho. Ruth e Samanti trabalham juntas e têm muito em comum por terem vindo da mesma cidade no Sri Lanka. O pai de Samanti é budista, a mãe é católica romana e o marido é muçulmano. Isso é típico em Dubai. Quando Ruth falou com Samanti a respeito de sua fé cristã, Samanti disse a Ruth que gostaria de saber mais. Ruth tem consciência profunda de que sua vida foi redimida por Jesus, mas, quando o tema é explicar a fé, ela precisa de alguma ajuda, em especial com uma pessoa com a experiência de Samanti. Por isso, sabiamente, ela levou Samanti a Leeann.

Leeann, por sua vez, é uma evangelista com vasto conhecimento e discernimento, mas a maior parte de seu círculo de amigos é composta por cristãos maduros. Leeann ficou muito animada de se encontrar com Samanti e conversar com ela. E Samanti precisa de Jesus!

Essas três mulheres são um grande exemplo do que ocorre numa cultura de evangelização. Leeann assume a liderança explicando o evangelho. Ruth aprende como transmitir sua fé ao participar do estudo e continua a nutrir a amizade com Samanti. E, se o Senhor quiser, Samanti ouvirá a maravilhosa mensagem de que Cristo salva pecadores e corresponderá de maneira afirmativa. Numa cultura de evangelização, o evangelismo é modelado de acordo com a necessidade das pessoas.

8. Uma cultura que valoriza quem compartilha a fé

> Espero no Senhor Jesus em breve vos enviar Timóteo, para que eu também me anime, recebendo notícias vossas. Porque não tenho nenhum outro com esse mesmo sentimento, que sinceramente cuide do vosso bem-estar. Pois todos buscam o que é seu, e não o que é de Cristo Jesus. Mas sabeis que Timóteo deu provas de si e, como um filho ao lado do pai, serviu comigo em favor do evangelho (Fp 2.19-22).

Gosto muito da forma que Paulo honra Timóteo por seu trabalho no evangelho. De modo similar, John, que pastoreia outra igreja de nossa cidade, inicia de modo regular o período de comunhão pedindo a quem teve a oportunidade de falar a respeito de Jesus na semana que conte sua história. Depois disso, ele pede que alguém ore por essas pessoas.

Essa prática de celebrar esforços evangelísticos é simples e não toma muito tempo, mas é de extrema importância para o desenvolvimento de uma cultura de evangelização. Não há nada mais desestimulante do que o sentimento de que a igreja está mais interessada em equipar o berçário do que em compartilhar a fé.

Almejo estar numa igreja em que os esforços por evangelizar sejam encorajados. Mesmo que a iniciativa evangelística não consiga conduzir à conversa sobre o evangelho, é melhor que não tentar evangelizar.

9. Uma cultura que sabe afirmar e celebrar a nova vida

> Sempre damos graças a Deus, Pai de nosso Senhor Jesus Cristo, quando oramos por vós, desde que ouvimos falar da vossa fé em Cristo Jesus [...] como aprendestes com Epafras, nosso amado conservo... (Cl 1.3,4,7).

Paulo sabia encorajar os novos crentes. Ele celebravra sua conversão, mas mantinha o próprio foco — e o deles — em Cristo. Não os exaltava demais, nem os desconsiderava. Uma cultura de evangelização celebra a nova vida em Cristo da forma correta.

Depois de vários encontros pessoais e estudos bíblicos com Mark Dever, Rob rejeitou sua crença ateísta e disse a Mark que havia se tornado cristão.

— Muito bem, Rob — disse Mark —, explique o que isso significa.

Rob explicou o evangelho e contou como havia se arrependido de seu estilo de vida de incredulidade e depositado sua confiança totalmente em Cristo.

Então Mark disse:

— Irmão, de acordo com o que você me disse, estou de acordo: você *se tornou* cristão. Vamos orar.

Mark disse depois da oração: "Você entende que a marca da verdadeira conversão não é uma oração, mas a caminhada de longa duração com Jesus. Por isso, mesmo que eu creia que você se entregou a Cristo, veremos o que acontecerá com o passar do tempo".

A resposta de Mark é um exemplo do que eu chamo resposta " 'Aleluia!', mas 'Vejamos' ". Exclamamos "Aleluia!", pois a verdadeira conversão é a melhor coisa que pode acontecer a alguém. Dizemos "Vejamos", por sabermos que a conversão pode não ser genuína, mesmo de modo não intencional. A verificação mais importante é tríplice: um bom entendimento do evangelho, uma vida transformada e uma caminhada de longa duração com Cristo.

Mark não manteve a conversão de Rob em segredo, mas não fez dele uma celebridade instantânea. No batismo de Rob, ele compartilhou de forma adequada como chegou à fé. Mas ocorreriam dificuldades, e a forma em que as enfrentaria era mais importante que qualquer história de conversão.

Numa cultura de evangelização, os cristãos sabem responder aos recém-chegados à fé.

10. Uma cultura que realiza o ministério que parece arriscado e perigoso

> Irmãos, quero que saibais que as coisas que me aconteceram de fato contribuíram para o avanço do evangelho; a tal ponto de ficar claro para toda a guarda pretoriana e para todos os demais que é por Cristo que estou na prisão (Fp 1.12,13).

O ministério de Paulo era arriscado o suficiente para que ele fosse lançado na prisão. Da mesma forma, vivo numa parte do mundo onde conheço pessoas que foram presas por terem vivido de modo fiel a Cristo.

Como lemos em 2Coríntios 10.5, Paulo enxergou a vida cristã como uma batalha travada contra os pensamentos contrários a Deus: "Destruímos argumentos e toda arrogância que se ergue contra o conhecimento de Deus, levando cativo todo pensamento para que obedeça a Cristo". Isso é arriscado; o mundo não gosta de ter seus pensamentos desafiados. Estamos dispostos a convocar as pessoas para a evangelização perigosa? Almejo uma cultura de evangelização arriscada no sentido de confrontarmos a cultura. Isso significa, principalmente, não levar em consideração o que as pessoas pensam a nosso respeito.

A igreja Door of Hope Church em Portland, no Oregon, está evangelizando *hipsters* com grande sucesso. A liderança da igreja até decidiu levar o culto da tardezinha de domingo para um parque próximo. O culto permaneceu idêntico, apenas realizado ao ar livre. Eles enfrentaram zombarias, provocadores e uma mulher que tirou a roupa para tentar chocar a congregação. No entanto, outras pessoas, que perceberam a bondade e o amor da igreja, uniram-se aos irmãos.

Outras pessoas assumem tipos diferentes de riscos. Minha amiga Joanna diz: "Nem sei realizar um estudo bíblico sem alguns muçulmanos no grupo". Todos devemos pensar em maneiras nas quais possamos assumir riscos em nossos contextos particulares. Algo engraçado acontece quando nos arriscamos: nos tornamos perigosos — isto é, no âmbito espiritual — para quem tem a mente voltada contra Deus.

Em Filipenses, Paulo diz que o evangelho ficou conhecido do guarda imperial (Fp 1.13). E, no fim da carta, quando envia cumprimentos, escreve: "Todos os santos vos cumprimentam, principalmente os da casa de César" (4.22). É claro que Paulo havia visto algum dos guardas se tornarem cristãos.

Paulo correu riscos, e sua vida arriscada em favor do evangelho consistiu no caminho para a prisão. No entanto, sempre apreciei a observação de que não se tratava de Paulo se encontrar acorrentado a um guarda, mas de o guarda estar acorrentado a Paulo.

Desejo muito ter uma igreja cujos vizinhos ateus e não cristãos vejam amigos ateus e não cristãos se tornando cristãos — uma indicação de que integramos uma cultura de evangelização que assume riscos.

11. Uma cultura que entende que a igreja é o melhor e mais comprovado método de evangelização

> E perseverando de comum acordo todos os dias no templo, e partindo o pão em casa, comiam com alegria e simplicidade de coração, louvando a Deus e contando com o favor de todo o povo. E o Senhor lhes acrescentava a cada dia os que iam sendo salvos (At 2.46,47).

Está bem, sei que mencionei "dez anseios". Mas existe mais um, um que acompanha os outros dez. Anseio por uma igreja que entenda o seguinte: as igrejas locais constituem o melhor e mais comprovado método de evangelização. Desejo uma igreja em que os cristãos sintam um amor tão grande por Jesus, que, ao se dirigirem ao período regular de culto, se tornem um reflexo do evangelho. Anelo uma igreja que conquiste pessoas pelo amor e não pelo entretenimento, firmada no poder do evangelho para exercer uma influência contracultural. Desejo uma igreja em que as maiores festas ocorram em torno dos que compartilham a fé, e os heróis sejam os que arriscam a reputação com o objetivo de evangelizar.

Anelo uma cultura de evangelização com irmãos e irmãs que estejam lado a lado comigo na batalha, onde eu possa ser ensinado e ensinar sobre o significado da comunicação da nossa fé e onde eu veja os líderes da igreja conduzindo pessoas a Jesus. Desejo uma igreja em que se possa apontar para as vidas transformadas, onde seja possível ver pessoas que se levantam e dizem: "Dois anos atrás, quando vim para esta igreja, eu não conhecia Deus, mas agora o conheço!". Almejo ser parte de uma cultura de evangelização assim. E aposto que você também.

Mencionei antes que não considero os programas especiais o item melhor ou mais preponderante da evangelização. Penso que a melhor forma de alcançar as pessoas acontece numa cultura de evangelização em uma igreja saudável. Esse assunto é grande demais para ocupar um dentre dez pontos principais; o papel da igreja e como evangelizar são os temas do capítulo a seguir.

3

CONECTANDO A IGREJA A UMA CULTURA DE EVANGELIZAÇÃO

Como mencionei antes, se você faz parte de uma igreja saudável, com uma cultura de evangelização, você participa da melhor forma de evangelização já conhecida. Como esse princípio é trabalhado na igreja?

Deixe de lado as objeções pragmáticas a essa ideia; estamos lidando com um princípio profundamente espiritual e bíblico. Jesus disse: "Nisto todos saberão que sois meus discípulos, se vos amardes uns aos outros" (Jo 13.35). Um pouco depois, na mesma oportunidade com os discípulos, ele orou para que se tornassem um, "para que o mundo creia que tu me enviaste" (Jo 17.20,21). Jesus diz que o amor de uns pelos outros conforme demonstrado na igreja é a declaração de que somos de fato convertidos. E, quando estamos unidos na igreja, mostramos ao mundo que Jesus é o Filho de Deus. O amor confirma o nosso discipulado. A unidade confirma a divindade de Cristo. Que testemunho poderoso!

Há muitas passagens na Escritura que ensinam e moldam nossas iniciativas evangelísticas, mas esses versículos são fundacionais, pois mostram que a igreja deve ter essa cultura de evangelização. Devemos usá-los para ensinar nossos filhos!

P: Que ação confirma nossa conversão genuína a Cristo?
R: O amor por outros cristãos.

P: E como demonstramos que Jesus é o Filho de Deus?
R: Tornando-nos um com outros crentes.

A IGREJA LOCAL É O EVANGELHO VISÍVEL

Se quisermos retratar o evangelho por meio do amor uns pelos outros, isso deverá ocorrer na congregação local de pessoas que se comprometeram, em amor, a ser igreja. Não se trata de amor abstrato, mas de amor às pessoas no mundo real. Inúmeras vezes, ouvi não cristãos dizerem que a igreja lhes parecia estranha, mas lhes chamava a atenção o amor entre os membros.

Entretanto, o evangelho não é retratado apenas por meio do nosso amor. Você já pensou em quantas instruções bíblicas, incorporadas por Deus à vida da igreja, se praticadas corretamente, servem de proclamação do evangelho?

Ao buscarmos uma cultura sadia de evangelização, não adaptamos a igreja à evangelização. Na verdade, deixamos que o que Deus já incorporou à igreja anuncie o evangelho. Jesus não se esqueceu do evangelho quando estabeleceu a igreja.

Por exemplo, o batismo representa a morte, o sepultamento e a ressurreição de Jesus. Mostra como a morte dele representa a nossa morte e sua vida, a nossa vida. A ceia do Senhor anuncia a morte de Cristo até que ele venha e nos prepara para confessar nossos pecados e experimentar a renovação do perdão. Quando oramos, oramos a respeito das verdades de Deus. Cantamos as grandes coisas feitas por Deus a nosso favor por meio do evangelho. Contribuímos financeiramente para expandir a mensagem do evangelho. A pregação da Palavra traz o evangelho.

Na verdade, a pregação da Palavra de Deus é o que dá a forma inicial à igreja. E, uma vez formada, a igreja recebe a tarefa de fazer discípulos, que então são enviados para pregar o evangelho e formar novas igrejas. Esse ciclo tem acontecido desde a ascensão de Jesus ao céu e continuará até ele voltar.

UM VERDADEIRO "PONTO ALTO"

Recentemente estive na igreja High Pointe (ponto alto) Baptist Church, em Austin, no Texas. O pastor Juan me pediu para fazer um seminário sobre o desenvolvimento da cultura de evangelização. Após realizar o seminário, as pessoas fizeram perguntas. Então, alguém me perguntou algo que não pode ficar sem resposta: "Muitos vietnamitas estão se mudando para a região à volta da nossa igreja; o que a igreja fará para alcançá-los?".

Por um lado, essa é uma pergunta maravilhosa. Uma pessoa da igreja reconheceu seu privilégio e responsabilidade de alcançar aquelas pessoas com o evangelho e vislumbrou uma oportunidade de fazê-lo. Por outro lado, a forma que a pergunta tomou parecia implicar que alcançar era responsabilidade da igreja e não da pessoa que percebeu a oportunidade.

No entanto, a cultura de evangelização envolve todas as pessoas e não é algo que parte de cima para baixo. Nessa cultura, as pessoas compreendem que a principal tarefa da igreja é ser igreja. Já vimos que as práticas eclesiásticas são por si sós um testemunho. Certamente a igreja apoia as oportunidades evangelísticas e ora por elas, mas seu papel não é estabelecer programas. A igreja deve cultivar a cultura de evangelização. Os *membros* são enviados a partir da igreja para evangelizar. Sei que isso pode parecer exigente demais, mas é muito importante. Se você não entender isso corretamente, é possível que subverta a igreja — ou fique irado sem motivos com a liderança.

Foi assim que respondi à pergunta feita na igreja High Pointe: "O melhor a fazer não é que 'a igreja' estabeleça programas especiais para a evangelização dos vietnamitas, mas que você pense sobre como alcançá-los. Recomendo que aprenda algo a respeito da cultura vietnamita, talvez alguns cumprimentos na língua deles, que experimente suas comidas e se inteire sobre as dificuldades que enfrentam para viver na cultura dominante. Tente se comunicar com eles e convide os amigos que fizer para irem à sua casa, a um pequeno grupo de estudo bíblico ou à igreja. E então, talvez, alguns de vocês pudessem até considerar mudar-se para junto da comunidade vietnamita com o propósito de apresentar o evangelho à comunidade".

A reação foi de olhares confusos. No entanto, houve um grande alívio na expressão facial do pastor Juan, que se mostrou agradecido por eu não ter escolhido um programa evangelístico para que ele o implementasse.

Em seguida, acrescentei: "E, quando você trouxer seu amigo dessa comunidade para a igreja, todos participarão 'do jogo': todos vocês farão parte do esforço por alcançá--lo. Essa é a cultura de evangelização. Não se trata só de ser amigável, ainda que isso deva ocorrer, mas de ter uma consciência profunda de que estamos juntos nisso. Numa igreja saudável, os visitantes enxergam a presença do evangelho em tudo o que fazemos. Por isso cantamos, oramos e pregamos a Palavra. Desejamos que as pessoas ouçam o evangelho no culto. E, quando praticamos os sacramentos, queremos que elas vejam o evangelho e o ouçam mais uma vez quando explicamos o que está acontecendo. Quando os membros vivem o evangelho, o evangelho brota de nós".

Esse é o esboço de uma cultura de evangelização em ação. Sei que é um pouco radical, e nem sugeri que eles matriculassem seus filhos na escola local com os filhos dos vietnamitas. Algumas pessoas podem me acusar de não me importar com a comunidade vietnamita, uma vez que não incentivei a igreja High Pointe a estabelecer um programa de evangelização patrocinado pelos membros. No entanto, afirmo que a melhor maneira de se importar com essa comunidade ou com qualquer outra comunidade é apresentar o evangelho para que as pessoas possam crer. Esse objetivo é mais bem servido pelo testemunho de uma igreja que tenha uma cultura de evangelização, por membros que se tornam amigos dos vietnamitas, com quem podem então compartilhar o evangelho. Essa abordagem tem um impacto muito maior que um programa da igreja para a distribuição de roupas, uma creche, a evangelização de porta em porta, o convite para uma festa infantil ou qualquer outra das várias atividades bem-intencionadas realizadas pelas igrejas.

Em certo sentido, todas as igrejas mantêm uma forma ou outra da cultura de evangelização. Mesmo as igrejas que rejeitam a evangelização mantêm uma cultura de evangelização, ainda que não bíblica. A questão não é "Temos uma cultura de evangelização?", mas "Nossa cultura de evangelização é saudável ou não?".

Acredito que o maior motivo por que a cultura de evangelização da igreja está doente não reside no fato de temermos as pessoas ou de não termos a estratégia ou o método correto de evangelização — por mais importantes que sejam essas questões —, mas, sim, no fato de não entendermos a igreja.

UM OU DOIS GRAUS DE DISTÂNCIA SÃO SUFICIENTES PARA AFASTÁ-LO DA ROTA

Uma das minhas grandes alegrias quando fui responsável por uma viagem missionária de curta duração no Quênia, com estudantes, foi voar com um piloto missionário que nos ajudou com o programa. Pete já voava antes de existir o GPS, quando o piloto utilizava uma bússola e seus instintos para voar.

Pete levava nossos estudantes aos lugares mais remotos para cumprirem suas designações. Às vezes havia espaço no avião para eu acompanhar a viagem. Depois de deixarmos um estudante, eu me tornava copiloto de Pete. Ele levantava voo, alinhava o avião e me dava a bússola. Eu conduzia o avião pelo grande vale do Rift, sobre a reserva Masai Mara e em torno do monte Quênia, que se erguia mais algo quando passávamos voando por ele. Pete gostava de me mostrar os lugares, e eu me extasiava com o cenário. Que alegria!

Voar não é tão difícil assim. O complicado é pousar. Por isso Pete fazia essa parte. Minha função era manter o avião em certa altitude e conduzi-lo segundo a leitura da bússola. Eu voava na direção certa, mas raramente me sobressaía. Às vezes Pete verificava o rumo indicado pela bússola e parecia aborrecido. Ele batia no painel de vidro da bússola e dizia de forma brusca: "Você está na direção errada". Eu achava que ele estava sendo exigente demais até que disse: "Mack, você precisa entender: dois graus fora do rumo nos levarão para outro país".

É verdade. A observação de um mapa-múndi ou de um globo terrestre confirma o fato de que grandes problemas podem resultar de pequenos desvios de rota. E o mesmo se aplica à igreja.

A raiz do problema na pergunta da igreja High Pointe não era o fato de a mulher não entender a evangelização; o problema era que ela não entendia a igreja. Ela havia se desviado por poucos graus, mas esses graus foram o suficiente para transportá-la para outro lugar. Entender a igreja nos ajuda a obter a leitura correta da bússola para a evangelização. Por isso precisamos pensar, em primeiro lugar, sobre a igreja e o que a torna saudável.

DEFINIÇÃO DE IGREJA

Digamos que você esteja num *shopping center* e alguém com uma prancheta e uma caneta lhe pergunte: "Por favor, defina 'igreja' da melhor forma possível". Você conseguiria responder? Se a pessoa fizesse uma pergunta complementar — "Quais são os elementos necessários e suficientes da igreja?" —, você ficaria perplexo?

Se ficasse, não estaria sozinho. Tenho visitado missionários ao redor do mundo e convivido com eles durante décadas. Muitos deles se autodenominam plantadores de igrejas. São surpreendentes e maravilhosos; contudo, muitas vezes fico espantado que poucos consigam definir igreja de modo bíblico. Quando explicam o que é a igreja, suas definições se baseiam em sentimentos e estratégias humanas.

Gosto muito das igrejas ligadas ao movimento Atos 29;[1] queria que existissem mais dessas igrejas. No entanto, infelizmente, o que se vê em vários lugares do mundo não são igrejas "Atos 29", e sim o que eu chamaria de igrejas "Juízes 22": igrejas que fazem o que acham certo aos próprios olhos (Jz 21.25). Em lugar delas, precisamos de igrejas firmemente estabelecidas nas Escrituras.

Estive com um missionário que liderava uma equipe de plantação de igreja na Rússia. Ele era e é um irmão maravilhoso em Cristo, profundamente comprometido com a obra do evangelho. Tem o coração de servo e de quem está disposto a se sacrificar. Além disso, é um líder que exerce muita influência sobre as pessoas com quem trabalha.

---

[1] A rede Atos 29 se dedica à plantação de igrejas. Seu nome se origina do fato de que o livro de Atos dos Apóstolos (do Novo Testamento) conta com 28 capítulos. Assim, o nome "Atos 29" pode ser entendido como o "capítulo seguinte" na história da igreja. Veja http://en.wikipedia.org/wiki/Acts_29.

Quando me contou que seu chamado principal era plantar igrejas, fiquei entusiasmado. Mas quando lhe fiz perguntas a respeito da igreja, ele parecia não saber em qual direção seguir. Por fim, frustrado, ele disse:

— Está bem; como você definiria igreja?

Eu disse:

— Os elementos fundamentais da igreja são mais bem compreendidos em três categorias: o que a constitui, o que ela faz e qual é sua missão.

Ficamos conversando a respeito da igreja até tarde da noite. Em resumo, eis o que lhe disse.

A fé cristã não dispõe de uma categoria para designar crentes que não sejam membros de uma igreja local. A igreja não é e nunca foi opcional para os crentes.[2] Embora a igreja desempenhe um papel fundamental no nosso discipulado, o membro comum de uma igreja ainda assim conta com uma espantosa variedade de ideias sobre o que a igreja deve ser — ideias não fundamentadas na Bíblia.

Certamente as igrejas dispõem de liberdade para fazer muitas coisas. São livres para construir edifícios ou se reunir em salões alugados, para permitir que a congregação se sente em bancos ou no chão. Também são livres, sob a autoridade da Palavra, para desenvolver estratégias específicas para assim cumprir mandamentos bíblicos mais gerais. Assim, elas têm a liberdade de prover

---

[2] Para saber mais a respeito de membresia, veja Jonathan Leeman, *Church membership: how the world knows who represents Jesus* (Wheaton: Crossway, 2012) [edição em português: *Membresia na igreja: como o mundo sabe quem representa Jesus* (São Paulo: Vida Nova, 2016)].

ministérios de música, patrocinar distribuição de sopa aos necessitados, manter reuniões de oração para homens, administrar escolas cristãs ou desenvolver o ministério de grupos pequenos.

Mais quais são os elementos vitais, aqueles necessários e suficientes? Eliminando-se tudo, quais são as partes irredutíveis da igreja? Isso é fácil descobrir em vários aspectos. Tire a escola cristã, por exemplo, e ainda existirá a igreja. No entanto, se eliminar a pregação regular da Palavra de Deus, não haverá mais igreja.

Todo cristão deveria saber o que torna a igreja de fato igreja. E a resposta bíblica a essa pergunta é surpreendentemente simples, pelo menos no papel.

O que a igreja é

A igreja local é a reunião de cristãos nascidos de novo e batizados, os quais, em amor, estabelecem entre si um pacto de se reunir com regularidade, sob a autoridade das Escrituras e a liderança de presbíteros, com o objetivo de adorar a Deus, ser a imagem visível do evangelho e, acima de tudo, dar glória a Deus (Jo 3.1-8; 13.34,35; At 2.41; 14.23; Ef 3.10; Cl 3.16; 2Tm 3.16,17; Hb 10.24,25).

O que a igreja faz

A igreja deve realizar apenas algumas coisas para ser igreja: as pessoas se reúnem com regularidade em torno do evangelho, em amor, para ouvir a pregação da Palavra, cantar, orar, contribuir financeiramente e praticar os sacramentos do batismo e da ceia do Senhor. Os membros, as pessoas que estabeleceram o pacto, cuidam em amor uns dos outros (1Co 12.12-26), até por meio da prática da disciplina eclesiástica (Mt 18.15-17).

A missão da igreja

A igreja é o plano estratégico de Deus para a evangelização, com uma missão primordial: ir a todos os povos e fazer discípulos, ensinando-os a obedecer a tudo o que Jesus ordenou — incluindo-se a formação de novas igrejas (Mt 28.18-20).

Aí estão: quatro frases sobre a igreja que ocupam menos de uma página, mas que levam uma vida para ser vividos. Essa definição, todavia, elimina o que muitos pensam ser a igreja. Não se trata de um edifício; nem de mera reunião social dos crentes. Exige o compromisso recíproco na comunidade local. A igreja intencionalmente não conta com não cristãos como membros. E apenas as pessoas batizadas devem ser membros. A igreja não é um mercado de boas ideias sobre como viver bem, mas uma comunidade submissa à Palavra de Deus.

A IGREJA SAUDÁVEL

Assim, acabamos de definir igreja. Agora vamos considerar uma igreja saudável.

É importante dizer que as características acima não descrevem uma igreja perfeita, inexistente neste lado do céu. Tampouco tentamos distinguir a verdadeira igreja em contraste com a falsa. Em vez disso, queremos fazer uma distinção entre as igrejas verdadeiras que estão doentes e as verdadeiras que são saudáveis, e desejamos ajudar as igrejas doentes a melhorar.[3]

Os cristãos podem desconsiderar os fundamentos da igreja saudável de muitas maneiras:

- Talvez haja uma apresentação de discursos motivacionais em lugar da pregação da Palavra de Deus. Se a pregação tratar de pensamentos positivos para aquele dia, ou de como viver segundo os padrões morais, ou, pior, de como ser próspero, e não disser nada a respeito da Bíblia, as pessoas não compreenderão Deus nem seus caminhos.
- O conceito de conversão pode se tornar obscuro, indefinido e subjetivo, ou seja, não cristãos são ensinados a pensar que são cristãos. E dessa forma não cristãos se tornam membros da igreja. Quando isso acontece, a igreja torna-se incapaz de praticar a evangelização bíblica.

---

[3] Este livro é parte de uma série sobre doutrinas e práticas bíblicas que ajudam as igrejas a ser saudáveis em vez de doentes, a vicejar em vez de apenas sobreviver. Concentramo-nos de modo especial em nove marcas, embora muitas outras poderiam ser acrescidas. A primeira "marca" de uma igreja saudável da qual falamos está na descrição primária da função do pastor: pregar de forma expositiva — a pregação em que a exposição do texto bíblico é o ponto principal do sermão. Sermões que percorrem livros inteiros da Bíblia devem contribuir para o entendimento abrangente da história e da mensagem completa da Escritura, além de também depender desse entendimento. Portanto, a segunda marca é a teologia bíblica. A mensagem central da Escritura, o evangelho, é o que dá vida às nossas igrejas, e é preciso entendê-la de forma bíblica — a terceira marca. A partir dele fluem o entendimento bíblico da conversão e da evangelização — marcas quarto e cinco. Assim que as pessoas são convertidas, devem ser adicionadas à igreja: daí, a membresia na igreja. A outra faceta da membresia é a disciplina, a ação da igreja quando seus membros deixam de se arrepender do pecado. Dessa forma, chegamos à sétima. A oitava marca é o entendimento bíblico do crescimento, e a nona é a liderança bíblica da igreja.

- A membresia pode ser considerada opcional. Entretanto, não sou capaz de amar pessoas — além da versão teórica e romantizada —, se não as conhecer. Preciso me comprometer com essas pessoas, e elas comigo.
- Não crentes podem receber posições de liderança na igreja. Preciso mesmo dizer algo a respeito disso? Contudo, isso ocorre com regularidade, especialmente nas igrejas em que não há membresia.
- Tarefas difíceis talvez não sejam cumpridas. Muitas vezes somos incapazes de amar pessoas das quais não gostamos. Ou deixamos de praticar a disciplina eclesiástica com pessoas das quais gostamos.

Qualquer uma dessas práticas pode não parecer muito prejudicial, mas, se a igreja incorrer em qualquer uma delas, pouco tempo depois estará caminhando na direção *oposta* de sua bússola. Há muito em risco aqui, pois, algumas vezes, pessoas boas se tornam guias cegos e reproduzem igrejas do tipo "Juízes 22". Para piorar as coisas, quando os fundamentos são postos de lado e a igreja se torna doente, a glória de Deus é ocultada. Perde-se o que deveria ser a beleza da comunidade de Cristo como testemunho ao mundo que a observa.

Precisamos lidar com outros problemas sérios que fazem a igreja se tornar doente e que impactam de modo direto a cultura de evangelização. Isso ocorre quando os membros confundem sua obediência pessoal no que tange à evangelização com o papel da igreja.

PRIORIDADES PESSOAIS, PRIORIDADES DA IGREJA E CAIXAS DE SAPATOS

Numa cultura saudável de evangelização, há um consenso de que existem prioridades diferentes para a igreja e para as pessoas. Algo que talvez você deva fazer na evangelização pessoal pode não ser o melhor para a igreja como um todo. Essa é a razão por trás da minha resposta à pergunta sobre a missão de evangelização na igreja High Pointe.

Eis um exemplo do que quero dizer. O pastor Jacky é um amigo meu que trabalha com uma igreja de língua chinesa em Dubai. Ele tem feito um trabalho excelente entre os chineses pobres que vêm para a cidade trabalhar. Certo ano, perto ao Natal, alguns ocidentais de bom coração tiveram a ideia de distribuir caixas de sapatos aos trabalhadores. Com certeza, não há nada de errado nisso. Assim, várias famílias das igrejas de Dubai colocaram sabonetes e toalhas de rosto, alguns perfumes, pentes e outros artigos de higiene pessoal, além de outras pequenas peças de vestuário, em caixas de sapatos. Eles também colocaram nas caixas folhetos a respeito dos cultos da igreja e as embrulharam com laços natalinos. Não há nada de errado nisso também.

Em seguida, pessoas foram recrutadas para recolher as caixas e — aqui está o problema — entregá-las a Jacky. Lembro-me de passar no escritório de Jacky e não conseguir passar pela porta por causa das caixas de sapatos — havia caixas de sapatos do chão ao teto.

Vamos deixar de lado qualquer questionamento a respeito da base bíblica dessa prática ou de sua efetividade; vamos deixar de lado qualquer questão sobre o bem duradouro ou não desse ato ou mesmo da declaração feita pela doação de artigos de higiene pessoal dos ocidentais ricos aos trabalhadores pobres. A raiz da questão é que Jacky não poderia preparar seu sermão. Ele não poderia se encontrar com pessoas que desejavam conversar a respeito de Jesus. Não poderia cumprir seu ministério e preparar os membros da igreja para que cumprissem o deles, porque as pessoas não haviam entendido que era papel delas realizar a entrega, e era papel do Jacky pregar, pastorear e orar. As pessoas confundiram o papel delas *na* igreja com o papel *da* igreja.

Digamos que o ministério das caixas de sapato tivesse sido bem-sucedido e pessoas tivessem vindo à igreja chinesa. Quando o fizessem, que tipo de igreja você esperaria que encontrassem? Uma igreja saudável em que ouvissem o evangelho na pregação da Palavra, em que os membros fossem discipulados e "ativos" na evangelização, em que o evangelho fosse apresentado no batismo, na ceia do Senhor e por outros meios? Ou uma igreja doente, na qual os líderes gastassem todo o tempo entregando caixas de sapatos?

Se Jacky passasse todo o tempo entregando caixas de sapatos sem realizar a obra que lhe foi confiada — nutrir uma igreja saudável —, estaria levando a igreja a estagnar. Isso se aplica não apenas a Jacky, mas a qualquer presbítero de qualquer igreja. Os membros têm a liberdade de fazer muitas outras coisas, mas devem dar muita atenção ao apoio à liderança para que a igreja siga na direção correta.

Os crentes bem-intencionados de Dubai não fizeram distinção entre a responsabilidade da igreja e a deles mesmos.

Acreditavam que a igreja deveria alcançar os trabalhadores da mesma forma que eles próprios gostariam de alcançá-los na evangelização interpessoal. No entanto, ao agir com esse pressuposto, na realidade subverteram a igreja.

Um exemplo bíblico desse tipo de assunto é encontrado em Atos 6, onde aprendemos que as viúvas gregas eram deixadas de lado na distribuição diária de comida da igreja primitiva. Suspeita-se que as viúvas judias recebiam o alimento por manterem contatos que as viúvas gregas não tinham. Independentemente disso, a situação demandava atenção. Por isso os apóstolos pediram *aos membros preocupados* que escolhessem sete homens piedosos para tratar do caso.

Todos esses homens eram gregos, como seus nomes evidenciavam, uma forma inquestionável de pôr fim a qualquer forma de favoritismo ou racismo. No entanto, observe o motivo pelo qual os apóstolos cuidaram da injustiça daquele modo. Disseram:

> Não é correto que deixemos de pregar a palavra de Deus e sirvamos às mesas. Portanto, irmãos, escolhei dentre vós sete homens de boa reputação, cheios do Espírito e de sabedoria, aos quais encarreguemos desse serviço. Mas nós nos devotaremos à oração e ao ministério da palavra (At 6.2-4).

Dessa forma, membros da igreja foram chamados para se envolver e resolver por si mesmos o problema e, assim, protegeriam o trabalho principal dos líderes da igreja: o ministério da Palavra e da oração.

Os membros da igreja devem entender as prioridades que os apóstolos protegeram. Embora existam muitas coisas importantes que a igreja como corpo possa realizar — tão importantes quanto alimentar viúvas —, nada deve subverter o chamado primordial da igreja: anunciar a Palavra. Membros e pastores devem colocar-se lado a lado e proteger o chamado único e fundamental da igreja.

COMO UMA CULTURA SAUDÁVEL DE EVANGELIZAÇÃO SE CONECTA COM UMA IGREJA SAUDÁVEL

Como, então, funciona a cultura saudável de evangelização? Eis um exemplo:

Abigail, mãe em tempo integral, sentou-se no ônibus que ia do aeroporto de Dulles a Washington (D.C.). Havia sido uma longa viagem de volta de um funeral no Texas, e ela aguardava ansiosamente estar com a família. A seu lado, estava sentada uma jovem asiática. Mas, em vez de se enterrar num livro, ela começou uma conversa.

O nome da jovem era Van. Enquanto conversavam, Van disse a Abigail que havia acabado de chegar da China e que aquelas eram as primeiras horas dela nos EUA. Abigail conseguia identificar uma comissão divina quando se deparava com uma. Ela desejava evangelizar a jovem, mas também sabia da necessidade de ser sensível.

Assim, ela pensou nas atividades que estavam ocorrendo na igreja e lembrou-se do casamento que se aproximava de duas pessoas firmes na fé. Ela sabia que o evangelho seria apresentado na ocasião. A igreja encoraja todos os membros a virem e trazer amigos para que ouçam o testemunho de um casamento. Portanto, Abigail perguntou: "Você teria interesse em vir a um casamento cristão?". Sem hesitar, Van aproveitou a chance. Elas trocaram e-mails e Abigail combinou de dar carona para Van.

Observe que Abigail confiava numa cultura sadia de evangelização. Não foi preciso ligar para o pastor e pressionar a equipe de líderes para iniciar um programa na igreja para a evangelização dos chineses. Ela não precisava preocupar-se com a possibilidade de o evangelho ser anunciado com clareza no casamento. Numa igreja com uma cultura saudável de evangelização, o evangelho permeia todos os ministérios. Abigail escolheu um casamento, mas ela poderia ter convidado Van para muitas outras atividades.

Com certeza, o casamento foi focado tanto no Noivo do céu quanto na noiva e no noivo da terra. O casal e o pastor compartilharam o evangelho. Mas o melhor de tudo foi que, depois de terminada a cerimônia e iniciada a recepção, Abigail levou seu filho de quatro anos de idade ao playground da igreja, e Van foi com eles. Ela começou a fazer perguntas sobre o que torna o casamento cristão diferente do secular. Abigail, bem treinada na mensagem do evangelho, aproveitou a oportunidade para explicar o evangelho a Van a partir da cerimônia do casamento.

Abigail, então, perguntou a Van se ela gostaria de ter uma Bíblia. Como a igreja tem na biblioteca Bíblias para estudantes estrangeiros, as duas caminharam de volta para a igreja e Abigail deu a Van uma Bíblia em mandarim — a primeira Bíblia em que Van pôs os olhos. Abigail, em seguida, ofereceu-se para se encontrar com Van e ler a Bíblia, o que elas fizeram. Abigail até convidou alguns membros da igreja que falavam mandarim para se encontrarem com Van e compartilharem seu testemunho durante uma das leituras da Bíblia. Quando o fizeram, Van se sentiu tocada e fez perguntas perspicazes.

Abigail e Van continuaram lendo a Bíblia e conversando a respeito do evangelho até que Van, poucas semanas depois, foi para uma escola em Boston. No entanto, Abigail não parou por aí. Ela tinha um amigo em Boston, que concordou em continuar a ler a Bíblia com Van. Isso está acontecendo hoje, enquanto escrevo estas palavras.

Abigail não esperou que a igreja fizesse algo. Ela nem sequer pensou nisso; apenas confiou na igreja como igreja. Ela descansou no poder do evangelho e confiou no Espírito Santo para atuar por meio de seus passos fiéis como embaixadora de Cristo.

É assim que uma cultura de evangelização funciona na igreja. Não é algo chamativo, nem um programa; trata-se, na verdade de algo muito melhor.

4

EVANGELISTAS INTENCIONAIS NUMA CULTURA DE EVANGELIZAÇÃO

Kelly, aos 16 anos, viajou de sua terra natal, o Brasil, para frequentar o ensino médio como aluna de intercâmbio em Portland, no Oregon. Connie e John, anfitriões americanos de Kelly, eram pessoas agradáveis e de fácil convívio que frequentavam com regularidade uma igreja centrada no evangelho. Kelly era uma boa aluna e, tendo ascendência japonesa e brasileira, sentia-se confortável com culturas múltiplas; assim, ela se adaptou bem à escola em Portland.

Connie e John oraram por Kelly e a levaram à igreja, mas Kelly não parecia interessada pela fé cristã. Mesmo assim, Kelly passou a gostar muito de John e Connie, e, depois que ela voltou para casa, eles mantiveram o contato. Connie orou por Kelly ao longo dos anos — anos que aumentaram de cinco para dez e quinze.

Pouco tempo atrás, Leeann e eu fomos convidados para falar na igreja de John e Connie, a Hinson Baptist. Durante o almoço, após o culto, Connie se sentou ao lado de Leeann. "Muito tempo atrás", Connie disse a Leeann, "recebemos em nossa casa uma aluna de intercâmbio chamada Kelly, que hoje é a comissária de bordo da Emirates Airlines. Ela é um doce de garota". (Embora Kelly fosse agora adulta.) "Ela mora em Dubai. Você acha que consegue entrar em contato com ela? Ela tem se sentido só porque acabou de romper com o namorado."

Leeann ficou muito feliz com a ideia de entrar em contato com Kelly, mas levaria algumas semanas para voltarmos para Dubai. Por isso Connie e Leeann escreveram para Kelly e lhe falaram a respeito da Redeemer, a nossa igreja. Seguindo a recomendação de Connie, Kelly foi à Redeemer antes mesmo do retorno de Leeann.

Quando Kelly entrou na igreja, foi cumprimentada de imediato por Hetty, das Filipinas, integrante da equipe de boas-vindas, e em seguida por Kanta, da Índia, junto à banca de livros. Kelly ouviu o pastor Dave pregar o evangelho e sentiu o coração inesperadamente aquecido. Mais tarde, Hetty e Kanta (que não sabiam que Kelly era um contato das nossas viagens aos EUA) a convidaram para almoçar. Quando Kelly foi para casa, ela abriu a sacola de boas-vindas (recebida na igreja) e encontrou dois livros: *The cross centered life*, de C. J. Mahaney,[1] e *Two ways to live* [Duas formas de viver], uma explicação do evangelho por Philip Jensen e Tony Payne. Ela devorou os dois títulos. Depois, Hetty e Kanta a convidaram para participar de um grupo pequeno de estudo bíblico, em que ela foi recebida com carinho.

Quando Leeann voltou a Dubai, Kelly e ela almoçaram juntas. Kelly falou sobre sua vida a Leeann e disse quanto havia gostado da igreja:

---

[1] Edição em português: *O segredo da vida ao pé da cruz*, tradução de Fabiano Silveira Medeiros (São Paulo: Vida, 2004).

— Desejo me tornar membro. — E perguntou em seguida: — Preciso pagar algum tipo de taxa para ser membro?

Leeann sorriu e disse:

— Não, não há nenhum tipo de taxa na nossa igreja, mas existe algo muito importante que você precisa entender para se tornar membro. É algo que chamamos de evangelho.

— Então me fale sobre esse evangelho — Kelly disse.

Vários continentes, duas igrejas, várias cidades, muitas línguas, numerosas etnias, diversas personalidades, anos de oração, comunicação oral e escrita, dois almoços — um evangelho. Quando batizei Kelly na piscina do hotel em que nossa igreja realiza os batismos, não pude conter as lágrimas de alegria por tudo que Deus havia orquestrado em favor de sua filha perdida, Kelly.

Ela não fazia a menor ideia de que Deus estava orquestrando pessoas e acontecimentos para aproximá-la dele. No entanto, ela percebe isso agora. Na verdade, ela se uniu à equipe de boas-vindas da igreja por ter deixado claro que deseja alcançar quem não conhece Deus. Pouco tempo atrás, Kelly encontrou duas comissárias de bordo do Brasil que vieram à igreja pela primeira vez. Quem sabe como Deus tem atuado na vida delas para levá-las a esse ponto? Quem sabe o que Deus fará?

Numa cultura de evangelização, pessoas que amam Jesus trabalham juntas como instrumentos na grande sinfonia da obra de Deus. Nem sempre sabemos qual será a próxima partitura — o Espírito Santo é o orquestrador. No entanto, se estivermos focados nele e no seu direcionamento, faremos parte da obra dele na vida das pessoas.

É muito fácil tocar para o público e não para o maestro. Lembre-se de que o Senhor é o nosso maestro. Seja intencional na evangelização: siga a liderança de Cristo. São muitas as possibilidades de nos distrairmos e sairmos do tom. No entanto, numa cultura madura de evangelização, as pessoas confiam que Deus fará algo maior do que veem com os olhos físicos.

PARTES DIFERENTES, MESMO OBJETIVO

Numa cultura de evangelização, encorajamos os crentes a andar com fé e a estar abertos para a atuação de Deus nas pessoas à sua volta. Como parte desse incentivo, os membros da igreja devem adotar uma visão de longo prazo. As pessoas à volta de Kelly confiaram que Deus agiria por meio delas, pois andavam com Cristo. Assim, vamos olhar para as diferentes pessoas que surgiram na história dela e ver o que podemos aprender com esses exemplos.

Connie não desistiu da amizade com o passar do tempo, mas orou e esperou uma oportunidade. Esta veio, apesar de ter demorado quinze anos. Não se iluda pensando que as pessoas são o que parecem ser. Não acredite nisso nem por um minuto. Levamos palavras de vida a quem está desesperado e morrendo, não importa sua aparência exterior. Então, ore e esteja atento, tanto no nível pessoal quanto no comunitário.

Kanta e Hetty não se consideram evangelistas, mas foram evangelistas gentis e atenciosas, do tipo "discreto", que calçaram os pés com a disposição do evangelho (Ef 6.15).

O pastor Dave pregou o evangelho fielmente, como faz todas as semanas. Os membros da congregação sabem que, quando trazem seus amigos e parentes à igreja, estes ouvirão o evangelho. Dave diz muitas vezes do púlpito: "A todos os presentes que têm outras experiências de fé, queremos que saibam quão felizes estamos com sua presença. Desejo encorajá-los a conversar sobre o sermão comigo, com qualquer um dos presbíteros ou com as pessoas que os trouxeram à igreja".

O estudo bíblico no grupo pequeno frequentado por Kelly era num local caloroso e pessoal para examinar as Escrituras.

Leeann não perdeu a oportunidade que surgiu. Teria sido fácil pensar que um relacionamento de quinze anos havia chegado ao fim e não valeria o tempo investido. No entanto, Leeann estava preparada para falar do evangelho, sondar o coração e fazer perguntas.

Ninguém pediu que Kelly "cruzasse a linha". Não foram usadas técnicas para exercer pressão. Em certo ponto, quando Leeann conversava com Kelly, Leeann confirmou que Kelly havia entendido o evangelho e se comprometera com ele. No entanto, se você perguntasse a Kelly quem a guiou a Cristo, ela poderia se sentir confusa com a pergunta. Poderia dizer "o Espírito Santo" ou "várias pessoas".

Numa cultura de evangelização, o objetivo é que todos compartilhem o evangelho, orem e aproveitem as oportunidades que surgem. Podemos desafiar as pessoas a crer, mas não existem instruções no Novo Testamento a respeito da oração do pecador. Confiamos que Deus conduzirá os pecadores ao arrependimento. Nossa responsabilidade consiste em sermos testemunhas fiéis — em conjunto.

EVANGELIZAÇÃO

Como podemos fazer parte de uma cultura de evangelização vibrante como essa? Como podemos nos tornar evangelistas intencionais que vivem em culturas de evangelização intencionais? Que tipo de plataformas precisamos implementar para nos preparamos a fim de compartilhar o evangelho? Creio que existam seis:

1. preparar o coração, a mente e os pés;
2. compreender o estilo de vida moldado pelo evangelho;
3. eliminar nossas suposições;
4. enxergar a evangelização como disciplina;
5. orar;
6. quando possível, tome a frente na evangelização.

1. PREPARE-SE PARA COMPARTILHAR: CORAÇÃO, MENTE E PÉS

No meu primeiro livro sobre evangelização, *Speaking of Jesus* [Falando sobre Jesus], destaquei a existência de três áreas em que precisamos nos avaliar quanto à evangelização: estamos motivados, preparados e dispostos? Essas três perguntas nos ajudarão a assegurar que nosso coração, nossa mente e nossos pés estejam prontos para compartilhar a fé.

Por exemplo, alguém pode ter muitos amigos não cristãos e estar motivado a testemunhar, mas sentir-se inseguro a respeito da mensagem do evangelho. Outra pessoa pode dominar a argumentação contrária e favorável ao evangelho, mas não conhecer muitos não cristãos. Alguém pode conhecer o evangelho e muitos incrédulos, mas estar insensível em relação à realidade espiritual do juízo eterno que esses amigos sem Cristo estão enfrentando.

Com o passar do tempo, estive com pessoas que refletiram muito sobre os grupos de "motivados", "preparados" e "disponíveis", e descobri existirem duas categorias principais de pessoas que se sentem impedidas de compartilhar a fé. A primeira é composta por pessoas que evitam compartilhar a fé por temor. Essas pessoas temem diversas coisas: não saber o que dizer, ser rejeitadas ou parecer bobas ou então fazer as pessoas se sentirem incomodadas.

A segunda categoria é composta por pessoas que não têm contato com não cristãos. Existe uma grande variedade de razões para o isolamento: talvez elas tenham se retirado para uma subcultura cristã acolhedora, achem o estilo de vida dos incrédulos ofensivo ou, por ironia, estejam ocupadas demais com o ministério.

Perguntar se estamos motivados, preparados e dispostos ajuda a diagnosticar nosso testemunho pessoal. Mas esses critérios também são úteis para diagnosticar nossa cultura de evangelização. Uma vez feito o diagnóstico, podemos procurar a cura.

Corações motivados na igreja

Assim como sondamos o coração para saber da nossa motivação pessoal, as igrejas devem considerar a motivação coletiva. Eis algumas perguntas que você pode considerar úteis:

- Nossa igreja cultiva compaixão por aqueles que não conhecem Jesus?

- Os membros de nossa igreja precisam ser encorajados quando o coração dos não cristãos parece estar tão endurecido?
- Os membros de nossa igreja estão convencidos de que o evangelho produz a maior mudança que o mundo pode conhecer no coração, na mente e na vida das pessoas da comunidade mais ampla?

Às vezes, sem perceber, motivamos as congregações com instrumentos inadequados, como a culpa. No entanto, desejamos que os membros da igreja sejam motivados pelo que a Escritura ensina e que enxerguem seu papel como embaixadores de Cristo, fazendo a mediação entre duas facções em guerra com a oferta de paz e reconciliação.

Mentes preparadas na igreja

A igreja também deve certificar-se de preparar os membros com o evangelho. Deve usar suas reuniões para, regularmente, revisitar o evangelho e refletir sobre ele de modo profundo — em todos os níveis.

O evangelho deve estar presente em nossas músicas. Stephanie, minha nora, contou-me que cantou uma música em sua formatura entoada com frequência em cultos da igreja: "God of this city" ["Deus desta cidade"].[2] Metade de seus colegas eram muçulmanos, e eles não tiveram nenhuma dificuldade em cantar essa música com gosto. Se pessoas de outras origens religiosas podem cantar com prazer

[2] Versão em português: "Grandes coisas", de André Valadão, disponível em: www.youtube.com/watch?v=aSGENbWllrQ.

uma música numa formatura secular do ensino médio, também podemos ter certeza de que não há evangelho nessa canção. "Deus desta cidade" é uma canção razoável — com certeza bem melhor do que grande parte do que se canta na cultura popular —, mas ela não comunica a mensagem do evangelho.

Quando penso nas letras de algumas músicas que entoei na igreja ao longo dos anos, também percebo que não havia nelas a mensagem do evangelho. Por esse motivo sou grato ao líder de música da nossa igreja: ele é muito cuidadoso na escolha de canções focadas na mensagem da cruz. Ele deseja anunciar o evangelho por meio da música.

O evangelho também deve permear nossa pregação. Um pastor amigo meu aproximou-se de mim após eu pregar em sua igreja. Ele me contou sobre o elogio de um de seus sermões feito por um presbítero alguns meses antes, o qual lhe contou como tinha sido desafiado pela mensagem. No entanto, o presbítero disse em seguida: "Minha única preocupação foi não ter ouvido o evangelho". Então meu amigo pastor disse: "Desejo fazer por você o que ele fez por mim. Mack, gostei muito do seu sermão. Foi tecnicamente maravilhoso. No entanto, não tenho certeza de que alguém poderia vir a crer por meio das palavras que você disse hoje". Ele estava certo, e sou grato ao irmão pela disposição de me apontar essa falha. Nossos sermões ajudam as pessoas a enxergar seu pecado e a oferta de redenção por parte de Jesus?

Existem outras áreas de nossa vida em comunidade para examinar. Nossas orações em público devem anunciar que o evangelho consiste na nossa fonte de esperança em meio às preocupações que trazemos à presença do Senhor. Aproximamo-nos de seu trono com ousadia, porque Jesus é nosso sumo sacerdote (Hb 4.14-16). Podemos incluir o ensino do evangelho nas classes de escola dominical, nas entrevistas com membros e nos grupos de discipulado. Podemos também encorajar os membros da igreja a aprender um esboço básico do evangelho e lhes mostrar como compartilhar seu testemunho. Podemos indicar livros e panfletos que explicam o evangelho, a ser lidos pelos crentes por conta própria ou, melhor ainda, com não cristãos.

Não é difícil fazer essas coisas, mas é muito fácil se esquecer delas. É importante que o evangelho domine todos os aspectos da vida da igreja para prepará-la.

Pés disponíveis na igreja

As igrejas podem avaliar se estão disponíveis de modo coletivo aos não cristãos simplesmente perguntando se os membros recebem bem os que se achegam.

Precisamos ter cuidado aqui. É fácil passar de uma igreja que recebe bem a uma igreja que descarta o evangelho no afã de se tornar "agradável". Infelizmente, muitas igrejas incorrem nessa heresia quando os não cristãos se tornam sua preocupação principal em lugar da fidelidade ao evangelho. O caminho mais rápido para a heresia e o erro se encontra na evangelização "relevante". Motivações bem-intencionadas que tentam moldar a igreja segundo as necessidades do homem e não de acordo com a glória de Deus são mortais para igrejas bíblicas.

A igreja é chamada a ser uma comunidade que glorifica a Deus, centrada na cruz e no evangelho, para o louvor de Cristo. Não podemos nos esquecer de que o objetivo da igreja se encontra em Jesus como o Messias, não nos frequentadores e em seu conforto. O velho movimento que buscava fazer as pessoas se sentirem confortáveis e seus substitutos modernos são um retrocesso: a igreja é chamada a focar em Deus, enquanto os indivíduos são chamados a ser sensíveis àqueles que buscam o espiritual.

Assim, estamos incentivando uns aos outros a cuidar dos descrentes que frequentam os cultos? Estamos preparados para recebê-los e ajudá-los a entender o que é o culto cristão de adoração? Estabelecemos amizades intencionais no evangelho? É muito fácil e perigoso presumir que todos na igreja são cristãos.

A disponibilidade não diz respeito apenas ao movimento dos nossos pés para estarmos com não cristãos, mas também a sondarmos a "atitude da mente". Nossa tendência é esquecer algumas pessoas: amigos que na nossa opinião jamais se interessarão pelo cristianismo, colegas que aparentam serem pecadores demais, "fora de alcance", ou membros da família que dizem que conversas sobre "sua religião" estão além dos limites. Quando começo a pensar dessa forma, preciso que meus amigos me lembrem de que não há coração duro demais para o Espírito Santo.

Dessa forma, na cultura de evangelização, examinamos três coisas com cuidado: como motivamos o coração, como preparamos a mente e como movemos os pés para a ação.

2. NOSSA COSMOVISÃO BASEADA NO EVANGELHO: A CENTRALIDADE DO EVANGELHO

As igrejas devem tratar o evangelho como um estilo de vida. A centralidade do evangelho é crucial para uma cultura de evangelização.

Quando Paulo, o apóstolo novato e inferior, repreendeu Pedro, aquele apóstolo veterano e coluna da igreja, isso deve ter exigido certa coragem (Gl 2.11-14). Afinal, Pedro havia andado com Jesus durante três anos na Palestina. Ele havia pregado a mensagem da graça em Atos 2 para abrir as portas da primeira igreja. Ele havia enfrentado o Sinédrio, a própria corte que ordenara a morte de Jesus algumas semanas antes.

Mas, em Gálatas, Paulo diz que o temor dos homens fez Pedro tropeçar. Ele estava sucumbindo à lei e se esquecendo de que a graça de Deus foi estendida a todos. O assunto, à primeira vista, era a mesa de jantar, mas Paulo enxergava um significado mais profundo. As ações de Pedro estavam em conflito com a justificação que se dá somente pela graça. Esse registro de Gálatas é importante para ajudar os cristãos a entender a graça de Deus para nós em Cristo. Paulo chega a dizer em Gálatas 2.5 que essa "briga em família" entre Pedro e ele preservou o evangelho.

Paulo usa uma expressão muito útil para o entendimento de como devemos manter a vida centrada no evangelho. Ele afirma que a conduta de Pedro não "estava de acordo com a verdade do evangelho" (2.14). Essa pequena expressão abre uma visão totalmente nova para nós a respeito do evangelho. Ela nos diz que o evangelho não foi só uma mensagem de salvação, mas uma forma de vida.

Descobri que, quanto mais vivemos o evangelho, mais o evangelho se torna parte da nossa vida. Entretanto, viver o evangelho não é o mesmo que viver de acordo com padrões morais. Os dois estilos parecem semelhantes por fora; talvez seja por isso que até mesmo o apóstolo Pedro tenha se confundido. No entanto, tentar viver a vida de acordo com os padrões morais é impossível. Viver a vida de acordo com o evangelho é uma dádiva de Deus.

Como viver o evangelho

Dizer que devemos viver o evangelho e saber como isso funciona são coisas diferentes. Felizmente, a Bíblia nos diz como fazê-lo. O Novo Testamento muitas vezes usa um tema do evangelho e o aplica à nossa vida.

Alguns afirmam que todas as ações de Paulo são aplicações do evangelho. É uma forma justa de entender as cartas de Paulo: ele prega o evangelho e então fala a respeito das implicações do evangelho na nossa vida. Uma "implicação" não é a própria mensagem do evangelho, mas algo procedente do evangelho. Paulo nos diz, por exemplo, que o perdão uns dos outros está ligado ao evangelho: "... perdoando uns aos outros; como o Senhor vos perdoou" (Cl 3.13). Nosso estilo de vida está ligado ao evangelho: "... portai-vos de modo digno do evangelho" (Fp 1.27). Até mesmo nosso modo de trabalho em posição de autoridade está diretamente ligado ao evangelho:

> Sabeis que os governantes dos gentios os dominam, e os seus poderosos exercem autoridade sobre eles. Não será

assim entre vós. Mas quem quiser tornar-se poderoso entre vós, seja esse o que vos sirva; e quem entre vós quiser ser o primeiro, será vosso servo, a exemplo do Filho do homem, que não veio para ser servido, mas para servir e para dar a vida em resgate de muitos (Mt 20.25-28).

Assim, para os cristãos, nossa forma de perdoar, de viver, de trabalhar e de liderar e, na verdade, todos os outros aspectos da nossa vida devem estar enraizados no evangelho.

Qual a ligação disso com uma cultura de evangelização? Bem, tudo.

Compreender o evangelho como forma de vida significa nos certificarmos de que todos os aspectos de nossa vida estejam alinhados ao evangelho. Isso contribui para que o evangelho transpareça em nós, estejamos com crentes ou não crentes. Se vivermos a vida centrada no evangelho, nos veremos compartilhando o evangelho. Se nossos irmãos souberem aplicar o evangelho à vida toda, fervilharão como canais de evangelização centrados no evangelho.

3. ELIMINAR NOSSAS SUPOSIÇÕES

Pressupor que sabemos e entendemos bem o evangelho é algo fatal. Digo isso da forma mais clara e sem rodeios possível. Quando agimos assim em relação ao evangelho, começamos a achar que todas as pessoas que frequentam a igreja são cristãs. Por mais improvável que seja, muitas pessoas nas igrejas se comportam como se isso fosse verdade.

Esse pressuposto equivocado conduz a outro: não há necessidade de compartilhar, ensinar ou pregar o evangelho.

Com o tempo, a confusão a respeito do evangelho cresce: ações externas são confundidas com a fé cristã genuína. Os padrões morais se tornam algo esperado e não uma resposta de amor. A cruz é tratada apenas como exemplo, não como o lugar em que a ira e o amor de Deus se encontram de maneira única. Com o tempo, perde-se o evangelho por completo.

Essa é uma representação absurda na comunidade cristã. Por isso Paulo instruiu Timóteo a guardar o evangelho e a passá-lo adiante com cuidado; ele sabia que o evangelho poderia ser perdido.

Não permitam que suas suposições acabem com o testemunho da comunidade — elimine-as agora. Se você se entedia com o evangelho, precisa olhar detidamente para o pecado no seu coração. Ainda mais sério que isso, se o evangelho não ressoa em seu coração, verifique e confira se você é convertido de verdade.

Andrei se tornou membro de nossa congregação quando estava no segundo ano da faculdade. Era tentador colocá-lo na liderança por sua vasta experiência no ministério. Ele havia sido líder do grupo de jovens, e todos o amavam. Tocava violão muito bem. Era cativante, tinha boa aparência, era um bom rapaz. Por ser filho de pastor, conhecia o linguajar cristão e os versículos bíblicos que serviam a seus objetivos.

Na verdade, eles lhe serviram bem até darmos início a um estudo bíblico aprofundado. Estudamos o livro de Marcos. Andrei se sentiu entediado. Ele conhecia todas as histórias a respeito de Jesus, e cada seção lhe parecia repetitiva. No entanto, ele começou a ter uma sensação estranha, um desconforto — o Espírito Santo estava atuando. Enquanto lia Marcos 8, que conta como Jesus curou um cego com um segundo toque, Andrei ficou subitamente paralisado ao perceber que, apesar de ter gravitado à volta de Jesus durante muitos anos, ele era incapaz de "enxergar" Jesus. Da mesma forma que o cego no início via pessoas "andando, como árvores" (v. 24) e precisou do segundo toque, também Andrei, que havia passado tantos anos na comunidade cristã, não era um seguidor verdadeiro de Cristo.

Andrei se arrependeu do pecado — do tipo mais vil e empedernido, o mais difícil de desarraigar, condenado com mais veemência por Jesus: o orgulho espiritual e a arrogância religiosa. A conversão de Andrei foi uma das mas miraculosas que já presenciei pelo fato de sua vida pregressa ter estado tão próxima da vida cristã verdadeira. No entanto, quando Andrei depositou sua fé de modo pleno em Jesus e confiou nele, a mudança foi evidente. Ele se tornou transparente em relação ao evangelho. Passou a demonstrar alegria em situações em que antes se arrastava. Andrei tem clareza agora sobre o que lhe aconteceu.

Imagine, no entanto, o que teria ocorrido se a comunidade tomasse por certo que ele fosse cristão. Andrei teria sido colocado na liderança. As pessoas à sua volta continuariam a presumir que ele era cristão. Não sendo cristão, ele poderia ter sido professor de crianças na igreja e de colegas de faculdade. O pior de tudo: Andrei permaneceria perdido em seu pecado mesmo que a comunidade confirmasse sua fé.

Sempre haverá pessoas nas igrejas que parecerão crentes, e por isso é tão importante que continuemos a proclamar o evangelho. São essas mesmas pessoas que tendem a reclamar a respeito de quão entediante e repetitivo é falar a respeito do evangelho.

Houve um tempo em que essas reclamações teriam me tentado a tornar os encontros de nossa igreja mais atraentes. Agora, porém, quando alguém me diz que o evangelho é enfadonho ou que precisamos seguir adiante em busca de ensinos mais relevantes, encaro a afirmação como o levantamento de uma bandeira amarela para questionar a afirmação um pouco mais e descobrir o que a pessoa quer dizer com isso. Há muitos impostores na fé. Existem muito mais pessoas que foram convencidas falsamente de serem cristãs por causa da educação recebida, do envolvimento com a igreja ou por manterem altos padrões morais. Sabendo disso, não me sinto mais tentado ao comodismo.

Serei franco mais uma vez: pare de presumir que todos os presentes às suas reuniões cristãs são cristãos. Pressuponha a *presença* de não cristãos.

Recentemente falei na capela do Southern Baptist Theological Seminary. Trata-se de um seminário com forte comprometimento com o evangelho. Admiro muito a administração e a faculdade. Creio que os estudantes locais tenham um profundo compromisso com o ministério. Mesmo assim, quis explicar o evangelho com clareza em minha fala, pelo menos como um modelo para quem se tornará pastor, mas também por causa da presença de algum convidado. Com toda a sinceridade, já vivi bastante para ver muitas pessoas que estavam no ministério deixarem a fé ou se tornarem cristãs; por isso, não poderia acreditar que não houvesse alguns impostores entre os presentes: seminaristas que não conhecem Jesus de verdade.

E os nossos filhos? Muitos deles fazem a oração do pecador aos 5 anos de idade; no entanto, vi várias dessas mesmas pessoas passarem a crer em Cristo quando chegaram à universidade. Já chorei com muitos pais cujos filhos adultos estão afastados da fé — ainda que tenham agido como cristãos à medida que cresciam. Continue falando a seus filhos a respeito do evangelho, no lar e na igreja.

Afirmamos mais cedo que o evangelho deve estar claro em tudo que fazemos como comunidade eclesiástica para que os membros estejam preparados para compartilhar o evangelho. No entanto, o evangelho também precisa estar presente em tudo o que fazemos, para que os não crentes possam ser conduzidos à fé em Cristo.

Por isso cantamos o evangelho. Prestamos bastante atenção às palavras para nos assegurarmos de que elas declarem verdades a respeito de Jesus. Conheço uma senhora de nossa igreja que se rendeu à fé enquanto cantava uma música a respeito da obra redentora de Cristo.

Oramos o evangelho. Mesmo quando nos dirigimos a Deus antes das refeições, podemos reconhecer que, apesar de estarmos agradecidos pelo sustento, nos sentimos ainda mais gratos pelo sustento de nossa alma por meio do evangelho.

Pregamos o evangelho. Já mencionamos que os sermões carecem do evangelho e que precisamos verificar se alguém é capaz de vir a crer quando ouve um sermão. No entanto, as pessoas são estimuladas a conversar a respeito do sermão após o culto se tiverem perguntas? Estive numa reunião familiar em que o pai disse: "Tudo bem, pessoal: quero ouvir algo que serviu de estímulo para vocês no sermão de hoje". Precisamos mais disso.

Procure o evangelho em seus estudos bíblicos. Ele está no texto. Confie em Jesus quando ele diz que todas as Escrituras apontam para ele (Lc 24.27). Não presuma que todos conheçam as boas-novas de Jesus Cristo. Pessoas em demasia entram e saem de igrejas sem ouvi-lo. Não assumamos esse risco.

4. A EVANGELIZAÇÃO COMO DISCIPLINA

As disciplinas espirituais, como a oração, o estudo da Bíblia e a reunião da igreja são meios da graça em nossa vida. O cristão que aprende essas práticas no início de sua caminhada com Cristo cresce na fé. Deus usa as disciplinas espirituais para nossa saúde espiritual. Crescemos quando as praticamos. Do contrário, a vida cristã se torna desleixada.

Mas você já pensou na evangelização como disciplina espiritual?

Don Whitney escreveu um livro excelente a respeito das disciplinas espirituais. Ele me disse que esse é o único livro — de que ele tem conhecimento — que afirma de maneira específica que a evangelização precisa ser tratada como disciplina espiritual. Eis o que ele diz:

> A evangelização é uma consequência natural da vida cristã. Precisamos ser capazes de falar a respeito do que o Senhor fez em nosso favor e do que ele significa para nós. No entanto, a evangelização também é uma *disciplina*,

no sentido de que devemos nos disciplinar para passar ao contexto da evangelização, ou seja: não devemos esperar para testemunhar quando as oportunidades surgirem.

Jesus disse em Mateus 5.16: "Assim resplandeça a vossa luz diante dos homens, para que vejam as vossas boas obras e glorifiquem vosso Pai, que está no céu". "Resplandeça a vossa luz diante dos homens" significa mais do que apenas "Não deixe que nada atrapalhe sua luz de brilhar". Pense na exortação da seguinte maneira: "Que a luz das boas obras resplandeça em sua vida, permita que seja evidente em você a mudança que honra a Deus. Que ela tenha início! Abra espaço para ela".[3]

Mais adiante, Whitney afirma: "A menos que nos disciplinemos a evangelizar, será muito fácil encontrar desculpas para deixar de compartilhar o evangelho com quem quer que seja".[4] Whitney crê que nossa disciplina em evangelizar depende de planejamento, ou seja, de a colocarmos em nossa agenda de compromissos.

Deus usa essa disciplina. Talvez não seja na primeira vez que surgir uma oportunidade para testemunhar, mas à medida que nos disciplinamos, com o passar do tempo, virá o dia em que nos veremos numa conversa emocionante com um não cristão sobre o poder salvador de Jesus e do que ele é capaz de fazer com quem deseja conhecê-lo de verdade e receber seu perdão.

---

[3]Donald S. Whitney, *Spiritual disciplines for the Christian life* (Colorado Springs: NavPress, 1991), p. 106 [edição em português: *Disciplinas espirituais para a vida cristã* (São Paulo: EBR, 2009)].
[4]Ibid., p. 108.

5. O LUGAR DA ORAÇÃO

Gosto muito da citação atribuída a Charles H. Spurgeon: "Senhor, salva os eleitos e elege mais alguns!"; gosto da oração e da atitude. Não sabemos quem Deus chama para si. Orar pela salvação de outras pessoas nos mantém atentos a isso.

Durante vinte anos orei a favor de Linda, minha irmã, e quase desisti. Mas Deus, em sua misericórdia, a aproximou dele. Isso me dá esperança de que outros membros da família e amigos pelos quais tenho orado ao longo de muitos anos ainda poderão vir a crer.

Oro com regularidade: "Senhor, não deixe passar um ano sem que eu esteja envolvido de forma direta em ver alguém se aproximar de ti com fé". Deus tem sido fiel a essa oração. Se Deus me conceder mais anos de vida sobre a terra, quando eu chegar ao céu talvez haja lá cinquenta ou sessenta pessoas em relação às quais fui o instrumento para que viessem a crer. Que grande alegria será!

Torne uma disciplina regular a oração pela conversão das pessoas que não conhecem Jesus. Ore nos cultos da igreja, nos pequenos grupos, nas reuniões nos lares, em eventos especiais e como parte de seu momento devocional. Tenho um amigo que afirma tentar orar da mesma forma que os puritanos, orações que fariam "Deus corar em não responder". Que as pessoas à sua volta saibam que a salvação dos perdidos está em seu coração, diante de Deus.

6. LIDERANÇA ESPIRITUAL

Um dos elementos principais para uma cultura de evangelização é a liderança da igreja. É importante que os membros participem "do jogo"; é duplamente importante que os presbíteros e pastores deem o exemplo por meio do ensino e da evangelização.

Dave, meu pastor, vive num arranha-céu perto de um *shopping center*. Ele chama os seguranças e o pessoal da manutenção pelo nome. Conhece todos os caixas do mercado e todos os funcionários do Tex-Mex, seu restaurante favorito. Corta o cabelo com frequência para poder estabelecer um relacionamento com o cabeleireiro.

Dave é uma pessoa amigável, mas fazer amizades não é sua motivação principal em todos esses contatos. Sua motivação vem da preocupação com todas essas pessoas e do desejo de lhes falar do evangelho, o que faz com regularidade. Ele me apresenta com frequência a pessoas de seu prédio que vêm com ele à igreja e o ouvem pregar. Em seguida nós dois falamos com a pessoa acerca do evangelho. Sempre saio encorajado dessas conversas a respeito da transmissão da minha fé.

Além de ensinar e servir de modelo, uma das coisas mais importante que os líderes podem fazer é simplesmente falar a respeito da evangelização. Se você é pastor, é importante que separe um período nos encontros da liderança e dos presbíteros e converse a respeito dos seus projetos pessoais sobre compartilhar a nossa fé. Procure formas de orar e estimular a evangelização em outros encontros da liderança da igreja.

Eu estava ministrando um seminário sobre evangelização na igreja. O pastor me perguntou sobre que parte eu considerava de maior utilidade para o treinamento das pessoas. Disse-lhe: "Falar a respeito da evangelização é o que mais ajuda".

Ele me olhou de forma estranha.

"Não", eu disse, "é isso mesmo. Não se trata tanto do quanto falo, por mais importante que seja. O mais importante é que você use tempo para pensar a respeito da evangelização. Passar a metade de um dia orando por amigos não cristãos e considerando a necessidade de evangelizá-los é muito mais útil que qualquer um dos meus pontos da palestra. O fato de você, como líder desta igreja, ter feito os arranjos para este seminário, de certa forma, funciona como a declaração mais importante".

O pastor Pete solicita, com frequência, que as pessoas da igreja contem sobre as oportunidades evangelísticas que tiveram na semana anterior. Quando as pessoas perceberam que isso ocorria todas as semanas, elas não só começaram a vir para o culto prontas para relatar como Deus as utilizou, mas também se tornaram mais sensíveis às oportunidades à sua volta durante a semana. É uma forma simples de manter a evangelização na linha de frente.

Se a evangelização deve ser um tema da linha de frente em nossa igreja, precisará de encorajamento constante, treinamento contínuo e de uma liderança focada e de longa duração, do tipo que esses pastores estão fornecendo em suas congregações.

Neste capítulo, analisamos preparativos importantes para compartilharmos nossa fé. Eles são fundamentais. No entanto, o objetivo não é estar preparado — e sim nos vermos em conversas com outras pessoas às quais transmitimos palavras de vida. Ideias para essas conversas são o assunto do capítulo a seguir.

5

COMPARTILHANDO A FÉ NA PRÁTICA

Poucos anos depois de nos casarmos, comprei um livro sobre casamento. Eu deveria tê-lo lido antes do matrimônio, pois certamente teria sido muito útil no início do casamento. Entretanto, quando o peguei pela primeira vez, li o sumário e fui para o capítulo do meu maior interesse.

O capítulo começava mais ou menos assim: "Este é o capítulo que muitos de vocês procuram primeiro, antes da leitura dos capítulos anteriores, mas desejo encorajá-los a começar do princípio". Essa foi uma direta para mim.

Como o autor sabia que eu abriria nesse capítulo em primeiro lugar? Tratava-se do capítulo sobre sexo.

Admito que aquele capítulo sobre sexo era mais atraente que este capítulo sobre a prática de compartilhar a fé, mas suspeito que muitas pessoas abrirão o livro neste capítulo antes de ler os capítulos anteriores. Se você for uma delas, que bom para você! Não lhe direi para ler os outros capítulos primeiro.

Aprecio o fato de você querer se engajar. Confio que seja capaz de definir evangelização, o evangelho e a conversão de acordo com a Bíblia. Você rejeita a evangelização programática e pragmática, e tem consciência do chamado pungente para desenvolver uma cultura de evangelização. Vê a igreja como o grande plano de Deus para a evangelização e sabe que o desenvolvimento dessa cultura no contexto da igreja é o melhor que podemos fazer para anunciar o evangelho. Acredito que tenha se preparado para ser um evangelista intencional, pois enxerga o evangelho como uma forma de vida, jamais parte do pressuposto que as pessoas conheçam o evangelho, trata a evangelização como disciplina espiritual e ora pelos amigos que não conhecem Jesus. Se você exerce liderança, constitui o exemplo na evangelização por meio do ensino e da prática.

Maravilhoso. É claro que, se algum desses pontos for um conceito novo para você ou estão um pouco confuso em sua mente, talvez queira começar a leitura pelo começo do livro. De qualquer forma, chegamos a este capítulo — o capítulo sobre como falar de Jesus na prática.

FALAR COMO UM EMBAIXADOR

Para mim, não há instrução melhor sobre como falar a respeito de Jesus do que a ilustração de Paulo, que fala a nosso respeito como embaixadores, em 2Coríntos 5.20,21:

> Portanto, somos embaixadores de Cristo, como se Deus vos exortasse por nosso intermédio. Assim, suplicamo-vos por Cristo que vos reconcilieis com Deus. Daquele que não tinha pecado Deus fez um sacrifício pelo pecado em nosso favor, para que nele fôssemos feitos justiça de Deus.

Paulo nos chama a lembramos do poder por trás da mensagem: o próprio Cristo. Ele nos fala da nossa grandiosa responsabilidade de ser representantes do reino de Deus. Somos embaixadores de Cristo. Fomos chamados a enxergar o próximo de modo diferente — abrir mão da concepção humana e mundana sobre as pessoas, conhecê-las e amá-las, entendendo que são pecadores perdidos e carentes de reconciliação com Deus.

Precisamos entender bem a mensagem. Afinal, os embaixadores não têm a liberdade de mudar a mensagem; sua missão é entregá-la com precisão. Da mesma forma, não podemos fazer acréscimos nem subtrações à mensagem de Cristo. Devemos entregar a mensagem de forma correta para que os pecadores sejam reconciliados com o Deus santo, o Criador do universo, a quem todos pertencemos. Embora nosso pecado seja mau diante dele, ele abriu um caminho de salvação ao *tornar pecado* aquele que jamais conheceu pecado — ou seja, ele assumiu nossos pecados — e ao fazê-lo receber a justa punição de Deus em nosso lugar na cruz. Isso aconteceu para que em Jesus pudéssemos nos tornar justiça de Deus. Para que o nosso relacionamento com Deus possa ser restaurado, basta crermos em Cristo, nos arrependermos do pecado e nos voltarmos para ele com fé. Essa é a mensagem que recebemos e a que devemos entregar.

Precisamos entregar a mensagem sem considerar o desconforto que teremos, o esforço que nos será exigido e a vergonha que teremos de suportar. Os embaixadores *existem* para entregar mensagens. Por isso, clamamos: "Reconciliem-se com Deus". Talvez não nos sintamos como representantes do reino de Deus, mas somos. Somos considerados assim no reino espiritual, e essa é uma verdade impressionante.

É claro que podemos ser embaixadores bons ou ruins. Se você está lendo este livro, presumo que deseje desempenhar bem sua função, e por isso vamos pensar em algumas maneiras de desempenhar melhor a função para a qual fomos chamados.

OS EMBAIXADORES E SUA ABORDAGEM: REFLETINDO SOBRE AS CONVERSAS

Veja abaixo uma carta que recebi e tocou meu coração. Enquanto você a ler, pense como teria respondido:

Caro Mack,

Tenho orado por Candice há algum tempo, pedindo oportunidades para compartilhar o evangelho. Vejamos um pouco de sua história: Candice foi criada no catolicismo e agora não frequenta nenhuma igreja. Ela adotou um estilo de vida homossexual com sua família de quatro filhos. As crianças são filhos biológicos de sua parceira, mas é ela quem mais cuida deles. A mãe de Candice está com câncer e vive a 1.500 quilômetros de distância. Conheço Candice há mais de 25 anos e há dois anos estou trabalhando para ela. Ela sabe da seriedade da minha fé e, de modo geral, eu diria que ela tem uma grande consideração por mim. Ofereci-me para orar por ela, o que a agrada, e ela tem me dado apoio financeiro para que eu faça viagens missionárias de curta duração.

Outro dia, enquanto ela me contava sobre a visita à sua mãe, começou a chorar. Nunca a vi chorar. Eu estava sentada à sua frente, tentando descobrir como trazer o evangelho à situação e como comunicar algo de valor eterno que não soasse como falta de compaixão. No final, eu não disse nada de valor eterno. Tentei apenas deixá-la à vontade para chorar na minha presença e afirmar minha empatia com a situação. Acho que eu poderia ter feito algo melhor.

Ao refletir mais tarde sobre a situação, gostaria de ter dito algo do tipo: "A dor que você está sentindo é normal num mundo caído, adoecido pelo pecado. Este mundo está caído e continuará assim até que Deus reconcilie todas as coisas em si mesmo". Acho que hesitei em dizer algo parecido com isso por não querer que ela presumisse, como a maioria das pessoas, que não precisa fazer nada para ser incluída na reconciliação promovida por Deus. Eu deveria ter dito isso assim mesmo? Deveria ter dito algo mais?

Kim

Essas são perguntas difíceis em um mundo real. Respondi da seguinte forma:

Cara Kim,

Em primeiro lugar, acho que deixar a pessoa à vontade para chorar em sua presença é muito valioso, mas sei como você se sente. É aquele sentimento de que temos algo tão precioso e de tal poder consolador a oferecer que, se, em meio ao sofrimento, pudéssemos simplesmente romper todas as defesas criadas em torno do coração daquela pessoa contra Cristo, sabemos que ela poderia conhecer aquele que um dia enxugará toda lágrima. E para piorar a situação: sabemos quão perto estão da verdade — "Está no meu coração e estou ao lado da pessoa" —, mas ela simplesmente não consegue enxergar.

Mas falando um pouco mais sobre Candice: talvez Deus esteja rompendo as barreiras contra Cristo no coração dela por meio do testemunho que você dá. É claro que não posso ter certeza de como o Espírito Santo está agindo, mas talvez o fato de consolá-la tenha sido o melhor a ser feito naquele momento como parte da longa sequência de coisas boas vistas por ela em você.

Acho que seria importante agora um diálogo de acompanhamento. Acha que conseguiria levar Candice para tomar um café e conversar? Eu diria algo do tipo: "Candice, gostaria de falar com você sobre coisas espirituais; isso lhe ofenderia?". Em minha experiência, quando mostramos às pessoas estarmos cientes de que a fé pode ser ofensiva, elas tendem a ser mais abertas.

Quando estivéssemos bebendo o café ou comendo algo, eu diria o que você disse (gosto muito do jeito que você se expressou): "A dor que você está sentindo é normal num mundo caído, adoecido pelo pecado". Sem dúvida eu encorajaria você a dizer isso e então, nesse ponto, eu pediria permissão, mais uma vez, para contar a ela como Deus reconcilia um mundo caído consigo mesmo: "Candice, você me permitiria falar sobre como penso que o Deus amoroso atua no mundo caído?" e "Candice, suas lágrimas me emocionaram, e, ao refletir sobre isso, não consigo pensar em nada mais importante para dizer, na sua situação, do que a mensagem de Cristo", ou "Sei que a religião pode ser algo que causa divisões, mas, Candice, nos últimos dois mil anos muitas pessoas têm encontrado na mensagem de Jesus a chave para compreender a vida e a morte, e eu gostaria de lhe falar a respeito disso, ou "Candice, você sabe que eu acredito no Deus da cruz, ou seja: no Deus que se identificou com a nossa morte. E isso está tão ligado à sua situação que eu desejo lhe explicar a mensagem de Jesus" — algo nesse sentido, ou talvez a combinação disso tudo. Você saberá falar disso melhor do que eu no seu contexto e no de Candice, mas o objetivo é fazer uma apresentação honesta do evangelho repleta de significado eterno e que a ajude a entender sua maior necessidade: arrepender-se de seus pecados e responder com fé.

Em certo sentido, preocupo-me que a mãe dela ouça uma apresentação clara do evangelho, caso isso não tenha ocorrido antes, mas estaria extrapolando o que você me disse. A propósito, a leitura do livro *Is God anti-gay?* [Deus é antigay?], de Sam Allberry, pode ser muito benéfica.

Seu irmão,
Mack

Essa interação revela alguns princípios básicos que utilizo nas conversas com as pessoas sobre a fé. Entre eles estão:

- Permita-se usufruir da graça ao compartilhar sua fé. Tenho observado que muitas vezes temo evangelizar porque existem muitas maneiras de tudo dar errado. Posso passar a mensagem da forma errada, ficar em silêncio quando preciso falar, dizer coisas que mais tarde considero tolas. Mas é bom se lembrar de que

mesmo seus erros podem ajudá-lo a se tornar um embaixador melhor.
- Encontre as pessoas onde elas estão.
- Procure portas abertas. Uma cultura de evangelização é muito útil aqui. Quando os membros da igreja falam sobre as portas abertas que veem à sua volta, outros membros podem ficar sabendo de oportunidades com as quais poderão se envolver.
- Seja compassivo e mantenha o coração sensível em relação às pessoas. Tenha o cuidado de se lembrar de que você é um pecador. A humildade exalta o evangelho.
- Lembre-se de que temos as respostas para as perguntas mais importantes da vida. Isso é algo importante que você tem a oferecer. Quando a realidade da vida penetra nas barreiras superficiais que mantêm as pessoas longe de Deus, você pode iluminar com a luz do evangelho. Não a coloque debaixo de um cesto.
- Concentre-se na separação entre as pessoas e Deus, não na correção moral.
- Seja intencional na conversa. Planeje o que dirá. Isso o ajudará a dizer coisas proveitosas e a evitar algo inadequado ou ofensivo.
- Reconheça o que sabemos e o que desconhecemos. A expressão de Kim "mundo adoecido pelo pecado" reconhece a verdade que nos cerca. O cristão consegue lidar com esse ambiente por saber como chegou a esse ponto. Também considero útil dizer às pessoas que nem sempre sei os motivos de Deus agir como age; no entanto, confio nele como quem dá sentido às coisas num mundo caído.

- É bom (embora nem sempre necessário) pedir permissão para compartilhar a mensagem do evangelho.
- Faça muitas perguntas. Seja um bom ouvinte.
- Finalmente, se você sabe que a pessoa vai tocar num assunto em particular, seria bom tomar conhecimento por meio da leitura de um livro ou conversando com alguém que conheça o tema.

OS EMBAIXADORES DEVEM SER OUSADOS E CLAROS

Se eu estivesse preso por causa da evangelização, tenho certeza de que pediria aos amigos para orarem a fim de que Deus "me tirasse de lá"! No entanto, a oração do Paulo aprisionado pedia ousadia e clareza em relação ao evangelho (Ef 6.19; Cl 4.3,4).

Acredito que a ousadia seja o elemento mais necessário à evangelização da comunidade cristã, pelo menos nos EUA. Nesse aspecto, podemos aprender com nossos irmãos e irmãs que vivem onde não há liberdade religiosa.

A primeira pessoa que conheci foi um iraniano chamado Farshid, que veio à nossa casa em Dubai para um encontro de estudantes. Nós nos sentamos juntos enquanto Nisin falava. Talvez houvesse trinta estudantes na sala. Enquanto Nisin falava, observei que Farshid se sentia desconfortável. Por fim, ele se enclinou para mim e disse: "Mack, ele é um grande orador, mas quando vai chegar ao evangelho?".

Finalmente entendi o motivo de sua inquietação. Farshid desejava que o evangelho fosse pregado com clareza aos estudantes. "Não se preocupe, irmão", eu disse, "jamais vi Nisin deixar de comunicar a mensagem da vida — ela virá". E foi o que aconteceu: Nisin anunciou a história surpreendente: Jesus salva pecadores. Assim que o fez, a inquietação de Farshid cessou e seus olhos se encheram de lágrimas. Descobri que quem procede de lugares onde a cruz é muito odiada tende a amá-la mais.

No ano seguinte, almocei com Farshid na Cidade do Cabo, na África do Sul, durante o Congresso de Lausanne. Ele afirmou que a situação estava ficando mais difícil no Irã e que sentia que sua prisão era apenas uma questão de tempo — apenas por sua ousadia e claro testemunho do evangelho. Ele deixou a comunhão segura na Cidade do Cabo por Teerã. Que irmão corajoso!

Farshid foi preso no Natal; a acusação: "traição ao Estado Islâmico do Irã" ou, em outras palavras, por ser uma testemunha fiel de Cristo. Sua sentença: seis anos. Sua esposa e os dois filhos pequenos fugiram para um campo de refugiados nas montanhas da Turquia. Ele se encontra encarcerado na conhecida prisão iraniana Evin. Quando pode passar uma mensagem, Farshid pede oração aos amigos para que seja ousado e claro em relação ao evangelho e continue se alegrando em Cristo.

A maioria de nós não enfrenta essas dificuldades por ser fiel. No entanto, Farshid ama Jesus e o evangelho. À semelhança de Paulo, ele *considera todas as coisas como perda, por causa da superioridade do conhecimento de Cristo Jesus* (Fp 3.8). Portanto, ele continua a anunciar às pessoas que o cercam, com bravura e clareza, a salvação que se encontra em Cristo.

Seja encorajado pela história de Farshid e seja ousado em relação ao evangelho onde estiver. A Bíblia nos manda lembrar os corajosos e fiéis, e seguir o exemplo deles.

OS EMBAIXADORES DEVEM ENTREGAR A MENSAGEM E CONFIAR EM CRISTO PARA A RESPOSTA

Nós quatro nos encontramos na esteira de bagagens do aeroporto de O'Hare. Estávamos em Chicago para um importante encontro de negócios. Na verdade, a reunião havia começado muito antes da chegada ao nosso hotel: estávamos num debate engajado quando entramos no táxi dirigido por Ibrahim.

Quando o debate sobre as várias implicações nos negócios ficou acalorado, Ibrahim me disse:

— Este mundo é surpreendente, sabe?

Olhei para ele, tentando acompanhar o que estava sendo dito atrás de mim.

— Alá criou tudo isso — ele disse, indicando com um gesto para o centro de Chicago; um gesto que fez o carro invadir a outra faixa. Consenti, sem palavras, enquanto desejava secretamente estar sentado no banco de trás.

— Mas o mais surpreendente a respeito de Alá é que ele mantém registros de tudo o que fazemos.

— Sim, concordo — eu disse, sem querer abandonar o debate já confuso daqueles assuntos gerenciais — Sou cristão e acredito que Deus mantém o controle completo.

— Você sabe a diferença entre você e eu? — Ibrahim continuou.

Tive certeza de que essa não era uma pergunta genuína.

— Você acredita que Jesus era Deus — ele continuou —, e eu creio que ele era apenas um profeta.

Não faltava ousadia a Ibrahim como evangelista muçulmano.

— Isso também é verdade, Ibrahim — respondi. Isso pareceu encorajá-lo, e ele deu início a um monólogo teológico que durou quase até nossa chegada ao hotel.

Mas, no nosso destino, Ibrahim ficou silencioso enquanto eu assinava o recibo do cartão de crédito. Por fim, tive a chance de dizer:

— Sabe, Ibrahim? Concordo que muçulmanos e cristãos creem que todos os pecados são registrados, mas os muçulmanos creem que os pecados são pesados na balança junto com as boas obras, ao passo que os cristãos acreditam que Jesus oferece o perdão dos pecados por meio da fé. Considero essa a maior diferença. Por isso eu amo Jesus: ele não contrapõe nossos pecados às nossas boas obras; ele perdoa nossos pecados porque pagou por eles.

Ibrahim olhou para o teto do táxi.

— Hum — ele disse.

Em seguida, ajudou-me com minhas malas. Enquanto ele partia, fiquei pensando se minhas palavras surtiriam efeito. Eu deveria ter lhe dado uma gorjeta mais polpuda? De repente, vi as luzes do freio brilharem, e o carro voltou. "Talvez eu tenha sido bem-sucedido", pensei. "Aposto que ele quer fazer uma pergunta sobre Jesus — ou talvez sobre o perdão!" Preparei-me então para levar esse homem a Cristo.

Mas não, eu apenas havia me esquecido de pegar de volta meu cartão de crédito. Ibrahim sorriu para mim quando o entregou pela janela. Fiquei feliz por ele ser um muçulmano bom e honesto. No entanto, quando o observei ir embora pela segunda vez, senti de novo aquela sensação familiar de fracassar ao compartilhar minha fé. Gostaria de ter dito mais sobre o evangelho ou talvez de ter dito as mesmas coisas de uma forma melhor.

No entanto, ao pensar sobre isso, percebi que o importante não era o que eu disse ou deveria ter dito. O que *disse de fato* era verdade e deveria confiar que Deus usaria minhas palavras — e não só em relação a Ibrahim, mas a mim também. Ele me ama e quer que eu busque defender a fé. Ele de fato não conta meu pecado — ou minhas falhas, ou mesmo minhas tentativas desajeitadas — contra mim. E, se ele escolher chamar Ibrahim à fé, isso não acontecerá porque eu disse tudo certinho, e sim apenas por sua graça.

Demorou um pouco para eu focar minha mente outra vez na reunião de negócios, pois estava me alegrando no perdão e no amor de Deus. A riqueza de Cristo em minha vida parecia mais real porque eu havia compartilhado minha fé. Não sei se a conversa com Ibrahim o transformou de alguma maneira, mas sem dúvida me fez lembrar do mais importante: a vida com Jesus é melhor que uma reunião de negócios. E também me fez recordar da graça de Deus na minha própria vida. Eu sabia que havia sido perdoado antes de dizer isso a Ibrahim? Sem dúvida. No entanto, falar a respeito da graça a alguém que crê de verdade na justiça pelas obras levou a graça a aprofundar-se mais em meu coração. Não se trata de algo que eu conheça apenas de modo intelectual. Oro para que um dia Ibrahim conheça essa mesma esperança e alegria.

É bom nos lembrarmos de que a salvação é uma obra do Espírito. Tentamos ser cuidadosos, ousados e claros no modo em que falamos às pessoas sobre o evangelho, mas o resultado procede de Deus. Podemos descansar no conhecimento disso.

OS EMBAIXADORES NÃO DEVEM DESANIMAR

Paulo diz em 2Coríntos 4.1: "Portanto, tendo este ministério pela misericórdia de Deus, não nos desanimamos". Precisamos nos lembrar disso quando somos tentados a sentir que nossas tentativas de evangelizar são inúteis.

Enquanto eu viajava, fui ao encontro de Craig no aeroporto de Cincinnati. Eu conhecia Craig da igreja. Ele se identificava como um não cristão que estava considerando o cristianismo, mas, analisando a situação mais friamente, parecia mais interessado na comunidade da igreja do que na fé. Entendi que encontrá-lo tinha sido uma coincidência incrível, e o convidei para se sentar comigo.

Craig tinha a aparência de um violinista clássico: seus longos cabelos grisalhos pendiam como os de Einstein das laterais da cabeça, e naquele momento ele estava olhando para o vácuo com uma expressão cansada e melancólica. Disse-me ter perdido a mãe pouco tempo atrás depois de uma longa doença. Isso confirmou minha sensação de que nosso encontro não era acidental: Deus estava agindo na vida de Craig, e eu me preparei para lhe falar a respeito de Jesus. "Quem sabe", pensei, "talvez esta seja a vez dele".

Fiz o que se esperava que eu fizesse. Expressei minha preocupação a respeito da morte da mãe dele e perguntei como estava passando. Não forcei o diálogo e orei enquanto ouvia, sentindo que nosso tempo tinha todas as marcas de um encontro divino. No entanto, quando comecei a sondar a reação de Craig diante de Jesus, ele se fechou. Ele estava bem, obrigado. Foi uma conversa polida e socialmente aceitável, mas parecia sem fruto visível em nível espiritual.

Enquanto o observava partir, reconheci que eu também me sentia exausto. Eu estava cansado de conversar com pessoas cansadas, a respeito do tesouro que elas necessitavam, mas pareciam não desejar. Estava cansado dos meus temores bobos de rejeição. No entanto, acima de tudo, estava cansado de sentir que não deveria me sentir daquele jeito; um sentimento que às vezes *me fazia desejar desistir de compartilhar minha fé*.

Antes que o cansaço me dominasse, Deus me guiou por sua graça a um versículo de Filemom que eu não havia reparado antes: "Oro para que o compartilhar da sua fé seja ativo para que tenha o pleno conhecimento de todo o bem que temos em Cristo" (Fm 6, NIV).

Paulo tem mais do que a evangelização em mente aqui, mas não menos. Entretanto, a oração de Paulo é para que sejamos ativos no compartilhar da nossa fé. Mas observe que a razão não é a resposta ou nossa eficiência. Paulo diz algo que raramente ouço: compartilhar a fé também é para o nosso benefício, para que possamos obter o pleno conhecimento das coisas boas que possuímos em Cristo. A Bíblia diz que entre todas as boas razões para falarmos da nossa fé, uma delas tem relação com o que acontece em nós. Considero isso importante não apenas para nós como cristãos em sentido individual, mas também em sentido comunitário.

Parte do meu cansaço na evangelização decorre do foco constante sobre o que deveria acontecer com as *outras pessoas*. Quando esse é meu foco e nada parece acontecer, perco o ânimo. No entanto, saber que Deus atua em mim quando compartilho minha fé me dá esperança — mesmo quando ninguém responde de forma positiva aos meus esforços.

Na verdade, estou convencido de que transmitir nossa fé, independentemente da resposta, é a chave para a saúde espiritual do indivíduo e da comunidade. Sim, é claro que desejamos ser eficientes em nosso testemunho. Sim, muitos cristãos fazem coisas tolas que impedem a mensagem do evangelho — sim, *eu* fiz coisas muito tolas que travaram o evangelho —, e devemos tomar providências para mudar isso. No entanto, se quisermos compreender as riquezas de Jesus com mais profundidade, ainda precisamos comunicar a fé de maneira ativa.

Craig continuou frequentando nossa nova igreja depois do encontro no aeroporto. Durante meses, ele ouviu testemunhos que davam glória a Deus e apresentações claras do evangelho sem corresponder visivelmente. No entanto, um dia, no meu primeiro domingo na igreja, após o regresso de uma longa viagem, Craig me impressionou muito ao contar sobre como veio a crer em Cristo. Meu coração disparou ao ouvir Craig compartilhar o que Deus havia feito em sua vida.

Vários meses se passaram, Craig nos disse, antes de perceber que os testemunhos por ele ouvidos não eram falsos. Ele até havia pensado que fossem encenações de acontecimentos espirituais feitos por atores profissionais. Essa maneira de as pessoas revelarem como haviam chegado a compreender o evangelho de forma tão íntima e profunda não fazia parte da experiência de vida de Craig. No entanto, com o passar do tempo, Craig concluiu que essas pessoas estavam falando sobre a *própria* vida.

"Bem, aqui estou", ele disse, "diante de vocês, contando o que aconteceu para levar-me à fé [...] agora eu entendo o evangelho". Talvez seja apenas minha imaginação, mas a voz de Craig parecia ter se livrado do cansaço. Ele me parecia diferente: repleto de vida.

Enquanto Craig contava à nossa igreja naquela manhã de domingo como veio a entender o que Jesus havia feito por ele, também senti meu cansaço desaparecer. Eu não havia conduzido Craig a Jesus, mas fui ativo ao compartilhar minha fé com ele; fiz parte disso. Participo de uma igreja que tem uma cultura de evangelização. E dessa vez, pelo menos, Deus me permitiu enxergar o efeito de meu pequenino papel.

Na maior parte do tempo, não vemos os desdobramentos; devemos confiar em Deus. No entanto, isso é *bom*. Deus age por meio de nós quando falamos da nossa fé — mesmo que não enxerguemos nada deste lado do céu. Talvez ele atue por meio de uma simples palavra compartilhada na entrada de um restaurante; quem sabe, numa breve conversa em que comunicamos o evangelho por um minuto ou, ainda, numa importante observação teológica a respeito do perdão. E quem sabe se não será por meio de algo que você venha a fazer hoje?

Assim, tenha esperança, mesmo em meio ao desencorajamento. Saiba que Deus atua por seu intermédio e em você. Você pode depender dele. Não se sinta tentado a abandonar tudo.

EVANGELIZAÇÃO

Depois de Craig compartilhar sua história de fé com a igreja, alguns não cristãos se aproximaram dele para conversar mais a respeito de Jesus. Craig ficou impressionado com a reação deles. Ele esperava que as pessoas o considerassem maluco. No entanto, o que tinha dificuldade de esquecer, contou-nos mais tarde, era o desejo no coração dessas pessoas que só Jesus poderia suprir. "Não sei como você consegue suportar isso", ele disse, "ver esse tipo de necessidade na alma das pessoas".

Sei o que ele quer dizer: às vezes não sei se sou capaz de suportar. Na verdade, percebi essa necessidade em Craig e me senti tentado a desistir. Talvez as pessoas cansadas à sua volta façam você se perguntar se é capaz mesmo. Talvez as tentativas infrutíferas de falar da sua fé com o vizinho que você vê todos os dias ou com o motorista de táxi que você verá só uma vez na vida o tenham levado a considerar se vale a pena. Talvez você também se sinta tentado, em segredo, a desistir.

Tenha ânimo. A evangelização é muito maior do que conseguimos enxergar. Lembre-se da promessa de Deus: ele lhe dá um entendimento mais pleno das coisas boas que desfrutamos em Cristo. O Senhor lhe dá os próprios olhos para que você veja as pessoas como ele as vê. Ele o ajuda a conhecer o rico significado da mensagem que levamos e a depender dele para agir na vida das pessoas.

Essas são razões suficientes para continuar, mas ainda há mais coisas boas. Às vezes Deus nos permite ver pessoas cansadas sendo transformadas em gente cheia de luz. Isso é glorioso, cheio de maravilha e esperança.

APÊNDICE

UMA EXPLICAÇÃO DO EVANGELHO

Deus, nosso Criador, é santo, justo e amoroso. Somos seu povo, feitos à sua imagem. Um dia estivemos em comunhão com Deus e fomos amados por ele, mas agora estamos separados dele. A separação entre Deus e seu povo teve início com a rebelião de nossos antepassados. A rebelião se trata, essencialmente, da nossa escolha de não crer em Deus e da tentativa de nos tornarmos deuses no lugar dele. Essa rebelião traiçoeira fracassou, e o juízo foi a morte eterna. De modo terrível, o pecado da rebelião é passado de geração a geração como uma maldição: todas as pessoas herdam o pecado e o juízo. Nossa natureza pecaminosa impossibilita que alguém conquiste o acesso de volta a Deus.

No entanto, mesmo sendo incapazes de comprar ou conquistar o escape em relação a essa maldição, Deus proveu, em seu amor, um caminho de volta a um relacionamento de amor e perdão com ele. A Bíblia toda profetiza, registra e explica a vinda de um Salvador para fazer isso: o Filho de Deus, Jesus.

Jesus, plenamente Deus e plenamente homem, viveu na terra como mestre dos caminhos de Deus e operador de milagres. Ele viveu de modo perfeito e se tornou o sacrifício perfeito, a fim de nos redimir da maldição do pecado e da morte. Jesus pagou a pena merecida pelos nossos pecados por meio de sua morte na cruz. Ressuscitou dos mortos, venceu a morte e comprovou a veracidade de suas palavras.

Por meio de sua morte, comprou o direito de nos oferecer o perdão dos pecados e o direito para que qualquer pessoa que se volte a ele se torne filho de Deus.

Quem ouvir esse anúncio das boas-novas e corresponder a Jesus não será rechaçado. Jesus nos chama a abandonar uma vida de incredulidade, bem como os pecados que nos enlaçam, depositando toda a confiança e fé somente nele para sermos resgatados da maldição. Assim, para nos tornarmos seguidores de Jesus, entregamos a vida a ele em fé e nos comprometemos a segui-lo como Senhor por todos os nossos dias.

DEFINIÇÕES

evangelização. Ensino ou pregação do evangelho com o objetivo ou a intenção de persuadir ou converter.

evangelho. A mensagem de grande alegria da parte de Deus que nos conduz à salvação.

mensagem da parte de Deus. Explicação sobre quem Deus é, sobre a situação humana desesperadora de pecado e perdição, sobre a obra de Cristo para a nossa salvação e sobre a resposta que o homem deve dar a fim de receber a restauração do relacionamento com Deus. Essa mensagem está encapsulada nos quatro elementos do esboço do evangelho: Deus, homem, Cristo e resposta.

pecado. Estado de rebelião contra Deus caracterizado por egoísmo e incredulidade.

pecados. Sintomas e expressões do estado de rebelião e incredulidade.

arrependimento. Abandono da vida de incredulidade.

APÊNDICE

conversão. Transição da morte para a vida, da culpa para o perdão.

crença. Confiança e dependência completas em Deus e em sua graça salvadora por meio de Cristo.

PASSAGENS DAS ESCRITURAS REFERENTES AO ESBOÇO DO EVANGELHO

Você deve conhecer vários versículos da Escritura sobre esses temas. As passagens a seguir oferecem afirmações básicas a respeito de Deus, do homem, de Cristo e da resposta, e também a respeito do preço de seguir Jesus:

Deus

Isaías 6.1-3: Deus é santo.
Colossenses 1.16,17; Salmos 8.1-4: Deus é o Criador.
João 3.16: Deus é amoroso.
Romanos 1.18: Deus está irado com o pecado.

Homem

Gênesis 1.26,27: Fomos criados à imagem de Deus.
Romanos 3.9-12: Todos somos pecadores.
Efésios 2.1-3: Estamos mortos em nossas transgressões.
Isaías 53.6: Estamos em rebelião contra Deus.
Isaías 59.2: Estamos separados de Deus.
Romanos 6.23: A morte é a pena da nossa rebelião.

Cristo

João 3.16: Jesus é o caminho para Deus.
Romanos 5.6-8: Jesus morreu por nós.

Romanos 6.23: O dom da vida eterna oferecido por Deus acontece por meio de Cristo.
Efésios 2.4-9: Deus nos dá graça em Cristo.
Colossenses 1.19-23: Deus nos reconcilia consigo mesmo em Cristo.
1Pedro 2.22: Cristo viveu uma vida perfeita.
1Coríntos 15.3,4: Cristo ressuscitou dos mortos.
João 10.10: Cristo veio para dar vida.

Resposta

Romanos 10.9-11: Precisamos confessar com a boca e crer com o coração.
Mateus 4.17; Atos 2.38: Precisamos nos arrepender.
João 8.12: Precisamos seguir a Jesus.
João 5.24,25: Precisamos ouvir a palavra de Jesus.
João 1.12: Precisamos crer no nome de Jesus.

Custo

1Pedro 1.18,19: Cristo nos redimiu por seu sangue.
Efésios 2.8,9: Deus nos salvou por sua graça.
Lucas 9.23,24: Precisamos negar a nós mesmos e tomar a cruz.

ÍNDICE REMISSIVO

A

Akin, Danny, 25
Allberry, Sam, 121
amizade, 15, 48, 65, 94
amor, 13, 14, 28, 36, 38, 55, 56, 63, 68, 70, 71, 72, 80, 105, 127, 133, 137
Amplified Bible, 30
apelo, 23, 25, 28, 30, 31
Apolo, 26
Áquila, 26
arrependimento, 36, 38, 41, 42, 95, 134
ateísmo, 66, 69
Atos 29, 78

B

batismo, 28, 37, 40, 67, 72, 80, 85
budismo, 64

C

cansaço, 129, 131
casamento, 87, 88, 115
católicos, 64
ceia do Senhor, 72, 80, 85
Chesterton, G. K., 48
compaixão, 97, 119
compromisso, 26, 81, 107
comunidade, 16, 49, 53, 54, 55, 74, 75, 81, 83, 98, 99, 101, 105, 106, 108, 123, 128, 130
confiança, 56, 57, 66, 70, 134
consumação, 38
conversão, 13, 20, 32, 40, 41, 42, 44, 63, 66, 67, 72, 82, 106, 111, 115, 135
conversão segundo a Bíblia, 63
conversas, 15, 16, 52, 101, 112, 113, 121
coração, 15, 26, 28, 32, 36, 47, 56, 57, 58, 69, 78, 84, 92, 95, 96, 97, 98, 101, 105, 111, 118, 119, 120, 122, 127, 130, 132, 136
coragem, 102
cosmovisão, 102
crença, 135
Criador
  Deus como, 38, 117, 133, 135, 137
culpa, 98, 135
cultura, 16, 17, 19, 20, 21, 22, 41, 54, 55, 56, 57, 58, 59, 61, 62, 63, 64, 65, 66, 67, 68, 69, 70, 71, 72, 73, 74, 75, 76, 83, 87, 88, 89, 93, 94, 95, 96, 97, 99, 101, 102, 104, 111, 115, 122, 131

D

decisão, 27
desencorajamento, 131
dificuldades, 31, 67, 74, 124
dignidade, 38, 60
disciplina
   eclesiástica, 80, 83
   espiritual, 22, 109, 116
discipulado, 13, 71, 79, 100
discursos motivacionais, 82
dons, 13

E

egoísmo, 134
embaixadores, 22, 98, 116, 117, 118
empatia, 119
ensino, 29, 30, 32, 33, 39, 44, 48, 91, 99, 100, 112, 116
entretenimento, 32, 57, 58, 70
esboço, 38, 75, 100, 134
escolas cristãs, 79
esperança, 14, 30, 39, 45, 50, 63, 100, 111, 127, 130, 131, 132
Espírito Santo, 15, 41, 89, 93, 95, 101, 106, 120
   obra do, 41
estudos bíblicos, 52, 63, 66, 109
evangelho
   centralidade do, 102
   definição de, 37
evangelização
   bíblica, 19, 20, 32, 44, 82
   como disciplina, 96, 109, 116
   cultura de, 16, 17, 19, 21, 54, 55, 56, 57, 58, 61, 62, 63, 64, 65, 66, 67, 68, 69, 70, 71, 73, 74, 75, 76, 83, 89, 93, 94, 95, 96, 97, 101, 102, 104, 111, 115, 122, 131
   definição de, 29
   relevância da, 100
evangelização comunitária, 49
Ezequiel, 58

F

falhas, 22, 127
família, 52, 53, 87, 101, 102, 111, 118
fé, 13, 16, 17, 19, 20, 21, 22, 27, 28, 34, 36, 37, 38, 41, 42, 44, 48, 49, 52, 54, 55, 62, 63, 64, 65, 66, 67, 70, 79, 87, 91, 94, 95, 96, 97, 105, 106, 107, 108, 109, 111, 112, 113, 115, 117, 118, 120, 121, 126, 127, 128, 129, 130, 131, 132, 134
fidelidade, 62, 100
fruto, 26, 42, 52, 129

G

gentileza, 26
graça, 16, 22, 34, 47, 102, 109, 121, 127, 129, 135, 136

H

heresia, 100
hipsters, 68
homossexualidade, 118
humildade, 26, 36, 122

I

idolatria, 59
igreja
  definição de, 77
  tarefa da, 74
imagem de Deus, 38, 60, 135
injustiça, 86
intencionalidade, 38, 52, 67, 94, 116, 122
Irã, 124
Islã, 41
isolamento, 97

J

Jensen, Philip, 92
Jesus Cristo
  como Filho de Deus, 38, 71, 72, 133, 137
  como Salvador, 110, 133, 137
  como sumo sacerdote, 100
justiça, 127
justificação, 102

L

liberdade, 40, 79, 85, 117, 123
liderança, 13, 22, 65, 68, 74, 80, 82, 83, 85, 94, 105, 106, 111, 112, 113, 116
limitações, 22

M

Mahaney, C. J., 92
manipulação, 28
McPherson, James, 42, 43
mensagem, 23, 28, 29, 30, 35, 37, 39, 44, 57, 58, 63, 65, 73, 82, 88, 96, 99, 102, 103, 116, 117, 120, 121, 123, 124, 130, 132, 134
mente, 20, 32, 58, 69, 96, 98, 101, 116, 127, 129
ministério, 15, 27, 33, 53, 56, 58, 61, 67, 68, 79, 85, 86, 97, 105, 107, 128
missional, 20
modelo
  servir de, 112
motivação, 55, 97, 112
muçulmanos, 68, 98, 126
música, 51, 63, 79, 98, 99, 108

N

não cristãos, 35, 41, 44, 45, 52, 63, 69, 72, 81, 82, 96, 97, 98, 100, 101, 107, 113, 132
nominalismo, 45
nova vida, 66

O

oportunidades, 74, 95, 110, 113, 118, 122
oração, 28, 30, 67, 79, 86, 93,

95, 108, 109, 111, 123, 124, 129
orgulho, 106
ousadia, 100, 123, 124, 125

P

Packer, J. I., 33
pacto, 80
padrões morais, 82, 103, 105, 107
Páscoa, 50
Paulo
  sobre sermos embaixadores, 22, 116
Payne, Tony, 92
paz, 98
pecado, 22, 27, 31, 34, 38, 82, 99, 105, 106, 116, 117, 119, 120, 122, 127, 133, 134, 135, 137
Pedro, 13, 63, 102, 103
pequenos grupos, 43, 111
perdão, 34, 36, 72, 103, 110, 126, 127, 131, 133, 134, 135, 137
permissão, 120, 123
personalidades, 57, 93
persuasão, 29, 30, 31, 32, 40, 41, 44, 45, 134
pés, 24, 94, 96, 101
pessoas em busca de espiritualidade, 49
pregação, 13, 28, 30, 33, 44, 51, 58, 73, 80, 82, 85, 99, 134

prioridades, 83
Priscila, 26
programas, 17, 21, 49, 50, 52, 53, 54, 70, 74
punição, 39, 117
puritanos, 111

R

rebelião, 38, 133, 134, 135, 137
reconciliação, 26, 36, 98, 117, 119
redenção, 38, 99
redes sociais, 32
rejeição, 48, 129
responsabilidade, 13, 21, 73, 85, 95, 117
resposta, 28, 29, 31, 38, 125
rumo indicado pela bússola, 77

S

sacramentos, 37, 75, 80
salvação, 16, 30, 33, 36, 37, 40, 44, 56, 58, 102, 111, 117, 124, 127, 134
Satanás, 27
sentimento, 47, 65, 119, 129
sexo, 58, 115
Spurgeon, Charles H., 111
suicídio, 45
suposições, 96, 105

T

técnicas, 57, 95
teologia bíblica, 13, 82

testemunho, 56, 71, 74, 75, 83, 87, 88, 97, 100, 105, 120, 124, 130
    da comunidade, 105
testemunhos, 130
treinamento, 63, 112, 113

U

unidade, 14, 71

V

vida eterna, 39, 136
vietnamitas, evangelização de, 73, 74, 75
viúvas, 86
vizinhos, 33, 52, 60, 69

W

Whitney, Don, 109

IX 9Marcas CONSTRUINDO IGREJAS SAUDÁVEIS

9Marcas existe para munir os líderes da igreja com uma visão bíblica e recursos práticos, a fim de demonstrarem a glória de Deus às nações por meio de igrejas saudáveis.

Com esse fim, queremos ver as igrejas sendo caracterizadas por estas nove marcas de saúde:

1 Pregação expositiva
2 Teologia bíblica
3 Entendimento bíblico do evangelho
4 Entendimento bíblico da conversão
5 Entendimento bíblico da evangelização
6 Entendimento bíblico da membresia na igreja
7 Disciplina na igreja
8 Discipulado bíblico
9 Liderança bíblica na igreja

Encontre mais informações no site http://pt.9marks.org.

Esta obra foi composta em Warnock Pro,
impressa em papel offset 75 g/m² e capa em cartão 250 g/m²
na gráfica Imprensa da Fé em fevereiro de 2025.